A PRACTICAL WORKBOOK

TO

J. GRESHAM MACHEN'S

NEW TESTAMENT GREEK FOR BEGINNERS

by

Hobert K. Farrell, Ph.D.

Professor of Biblical Studies

LeTourneau University

Longview, Texas

2003

Wipf and Stock Publishers

EUGENE, OREGON

Wipf and Stock Publishers
199 West 8th Avenue, Suite 3
Eugene, Oregon 97401

A Practical Workbook to J. Gresham Machen's New Testament Greek for
Beginners
By Farrell, Hobert K.
Copyright©2003 by Farrell, Hobert K.
ISBN: 1-59244-301-X
Publication date 8/7/2003

PREFACE

This Workbook is designed to supplement J. Gresham Machen's *New Testament Greek for Beginners*. While using this text for about 35 years, I have sensed the need to add or complete certain paradigms, to emphasize the models to be memorized, to compile principal parts, to provide review summaries, and to provide worksheets to aid students in their grasp of the language. The Workbook follows Machen's excellent organization and sequencing of the grammatical components. However, the Appendix offers a comprehensive review in the natural sequence after all the components have been learned in the developing sequence. I have found also that students can use the blank grids/pages of the Workbook to take quizzes on their own and free up additional time in class for discussing the translation of the sentences. I pray that this Workbook may aid and encourage students in the learning of the language of the New Testament.

Acknowledgements

I wish to thank my grader, Matthew Lee,
and my secretary, Judy Walton,
for their help on this Workbook.
I also thank all my students over the years who have
been encouraging and diligent in their study of Greek.

Recommendations

Dr. Gerald F. Hawthorne, Professor Emeritus of Greek at Wheaton College, Wheaton, Illinois:

> "Dr. Farrell has spent a great deal of loving, careful, precise work to put this Workbook together, and it is easy to see from its layout its usefulness to beginning New Testament Greek students".

Dr. H. Wayne House, Distinguished Professor of Biblical and Theological Studies, Faith Seminary, Tacoma, Washington.

> "Dr. Farrell has produced a helpful Workbook to be used with J. Gresham Machen's enduring grammar *New Testament Greek for Beginners*. His Workbook gives the complete paradigms given in Machen and provides space for the learner to practice what the teacher introduces in each lesson. I will certainly use this Workbook when I teach basic Greek".

The Greek Alphabet

α   β   γ   δ   ε

ζ   η   θ   ι   κ

λ   μ   ν   ξ   ο

π   ρ   σ   ς   τ

υ   φ   χ   ψ   ω

Machen 3 - Present Active Indicative

sg.	1	λύω
	2	λύεις
	3	λύει
pl.	1	λύομεν
	2	λύετε
	3	λύουσι [ν]

Machen 3 - Present Active Indicative

sg.	1	
	2	
	3	
pl.	1	
	2	
	3	

Machen 4 - Second Declension

"a man" (masc.)

sg.	n.	ἄνθρωπος
	g.	ἀνθρώπου
	d.	ἀνθρώπῳ
	a.	ἄνθρωπον
	v.	ἄνθρωπε
pl.	n.	ἄνθρωποι
	g.	ἀνθρώπων
	d.	ἀνθρώποις
	a.	ἀνθρώπους
	v.	ἄνθρωποι

"a gift" (neut.)

sg.	n.	δῶρον
	g.	δώρου
	d.	δώρῳ
	a.	δῶρον
	v.	δῶρον
pl.	n.	δῶρα
	g.	δώρων
	d.	δώροις
	a.	δῶρα
	v.	δῶρα

Machen 4 - Second Declension

"a man"

sg.	n.	
	g.	
	d.	
	a.	
	v.	
pl.	n.	
	g.	
	d.	
	a.	
	v.	

"a gift"

sg.	n.	
	g.	
	d.	
	a.	
	v.	
pl.	n.	
	g.	
	d.	
	a.	
	v.	

5

Machen 5 - The First Declension

"an hour" (fem.)

sg.	n.	ὥρα
	g.	ὥρας
	d.	ὥρᾳ
	a.	ὥραν
	v.	ὥρα
pl.	n.	ὧραι
	g.	ὡρῶν
	d.	ὥραις
	a.	ὥρας
	v.	ὧραι

"glory" (fem.)

sg.	n.	δόξα
	g.	δόξης
	d.	δόξῃ
	a.	δόξαν
	v.	δόξα
pl.	n.	δόξαι
	g.	δοξῶν
	d.	δόξαις
	a.	δόξας
	v.	δόξαι

"a writing" (fem.)

sg.	n.	γραφή
	g.	γραφῆς
	d.	γραφῇ
	a.	γραφήν
	v.	γραφή
pl.	n.	γραφαί
	g.	γραφῶν
	d.	γραφαῖς
	a.	γραφάς
	v.	γραφαί

Machen 5 - The First Declension

"an hour" (fem.)

sg.	n.	
	g.	
	d.	
	a.	
	v.	
pl.	n.	
	g.	
	d.	
	a.	
	v.	

"glory" (fem.)

sg.	n.	
	g.	
	d.	
	a.	
	v.	
pl.	n.	
	g.	
	d.	
	a.	
	v.	

"a writing" (fem.)

sg.	n.	
	g.	
	d.	
	a.	
	v.	
pl.	n.	
	g.	
	d.	
	a.	
	v.	

Machen 6 - Adjectives and the Article

"good"

		masc.	fem.	neut.
sg.	n.	ἀγαθός	ἀγαθή	ἀγαθόν
	g.	ἀγαθοῦ	ἀγαθῆς	ἀγαθοῦ
	d.	ἀγαθῷ	ἀγαθῇ	ἀγαθῷ
	a.	ἀγαθόν	ἀγαθήν	ἀγαθόν
	v.	ἀγαθέ	ἀγαθή	ἀγαθόν
pl.	n.	ἀγαθοί	ἀγαθαί	ἀγαθά
	g.	ἀγαθῶν	ἀγαθῶν	ἀγαθῶν
	d.	ἀγαθοῖς	ἀγαθαῖς	ἀγαθοῖς
	a.	ἀγαθούς	ἀγαθάς	ἀγαθά
	v.	ἀγαθοί	ἀγαθαί	ἀγαθά

"righteous"

		masc.	fem.	neut.
sg.	n.	δίκαιος	δικαία	δίκαιον
	g.	δικαίου	δικαίας	δικαίου
	d.	δικαίῳ	δικαίᾳ	δικαίῳ
	a.	δίκαιον	δικαίαν	δίκαιον
	v.	δίκαιε	δικαία	δίκαιον
pl.	n.	δίκαιοι	δίκαιαι	δίκαια
	g.	δικαίων	δικαίων	δικαίων
	d.	δικαίοις	δικαίαις	δικαίοις
	a.	δικαίους	δικαίας	δίκαια
	v.	δίκαιοι	δίκαιαι	δίκαια

the article

		masc.	fem.	neut.
sg.	n.	ὁ	ἡ	τό
	g.	τοῦ	τῆς	τοῦ
	d.	τῷ	τῇ	τῷ
	a.	τόν	τήν	τό
pl.	n.	οἱ	αἱ	τά
	g.	τῶν	τῶν	τῶν
	d.	τοῖς	ταῖς	τοῖς
	a.	τούς	τάς	τά

Machen 6 - Adjectives and the Article

"good"

		masc.	fem.	neut.
sg.	n.			
	g.			
	d.			
	a.			
	v.			
pl.	n.			
	g.			
	d.			
	a.			
	v.			

"righteous"

		masc.	fem.	neut.
sg.	n.			
	g.			
	d.			
	a.			
	v.			
pl.	n.			
	g.			
	d.			
	a.			
	v.			

the article

		masc.	fem.	neut.
sg.	n.			
	g.			
	d.			
	a.			
pl.	n.			
	g.			
	d.			
	a.			

Greek Prepositions

Machen 7

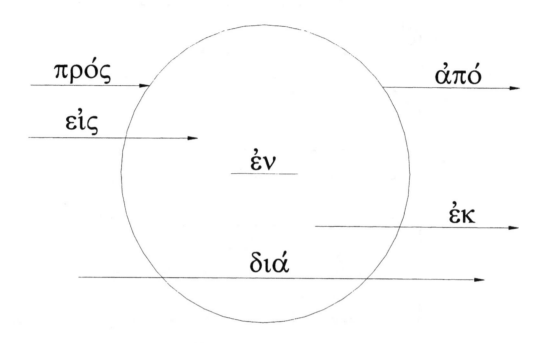

1. ἀπό   (gen) = from

2. διά   (gen) = through

          (acc) = on account of

3. εἰς   (acc) = into

4. ἐκ   (gen) = out of

5. ἐν   (dat) = in

6. μετά (gen) = with

          (acc) = after

7. πρός (acc) = to

Greek Prepositions

(Machen 7)

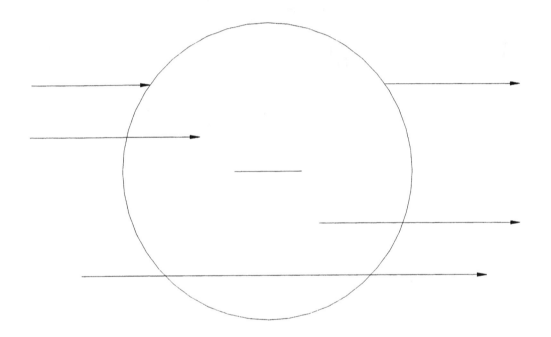

Machen 7 - First Declension

"a prophet" (masc.)

sg.	n.	προφήτης
	g.	προφήτου
	d.	προφήτῃ
	a.	προφήτην
	v.	προφῆτα
pl.	n.	προφῆται
	g.	προφητῶν
	d.	προφήταις
	a.	προφήτας
	v.	προφῆται

Machen 7 - First Declension

"a prophet" (masc.)

sg.	n.	
	g.	
	d.	
	a.	
	v.	
pl.	n.	
	g.	
	d.	
	a.	
	v.	

Machen 8 - Personal Pronouns

first person

sg.	n.	ἐγώ
	g.	ἐμοῦ
	d.	ἐμοί
	a.	ἐμέ
pl.	n.	ἡμεῖς
	g.	ἡμῶν
	d.	ἡμῖν
	a.	ἡμᾶς

second person

sg.	n.	σύ
	g.	σοῦ
	d.	σοί
	a.	σέ
pl.	n.	ὑμεῖς
	g.	ὑμῶν
	d.	ὑμῖν
	a.	ὑμᾶς

third person

		masc.	fem.	neut.
sg.	n.	αὐτός	αὐτή	αὐτό
	g.	αὐτοῦ	αὐτῆς	αὐτοῦ
	d.	αὐτῷ	αὐτῇ	αὐτῷ
	a.	αὐτόν	αὐτήν	αὐτό
pl.	n.	αὐτοί	αὐταί	αὐτά
	g.	αὐτῶν	αὐτῶν	αὐτῶν
	d.	αὐτοῖς	αὐταῖς	αὐτοῖς
	a.	αὐτούς	αὐτάς	αὐτά

Machen 8 - Personal Pronouns

first person

sg.	n.	
	g.	
	d.	
	a.	
pl.	n.	
	g.	
	d.	
	a.	

second person

sg.	n.	
	g.	
	d.	
	a.	
pl.	n.	
	g.	
	d.	
	a.	

third person

		masc.	fem.	neut.
sg.	n.			
	g.			
	d.			
	a.			
pl.	n.			
	g.			
	d.			
	a.			

Machen 8 - Present Indicative of εἰμί

sg.	1	εἰμί
	2	εἶ
	3	ἐστί [ν]
pl.	1	ἐσμέν
	2	ἐστέ
	3	εἰσί [ν]

Machen 8 - Present Indicative of εἰμί

sg.	1	
	2	
	3	
pl.	1	
	2	
	3	

Machen 9 - Demonstrative Pronouns

"this"

		masc.	fem.	neut.
sg.	n.	οὗτος	αὕτη	τοῦτο
	g.	τούτου	ταύτης	τούτου
	d.	τούτῳ	ταύτῃ	τούτῳ
	a.	τοῦτον	ταύτην	τοῦτο
pl.	n.	οὗτοι	αὗται	ταῦτα
	g.	τούτων	τούτων	τούτων
	d.	τούτοις	ταύταις	τούτοις
	a.	τούτους	ταύτας	ταῦτα

Machen 9 - Demonstrative Pronouns

"this"

		masc.	fem.	neut.
sg.	n.			
	g.			
	d.			
	a.			
pl.	n.			
	g.			
	d.			
	a.			

Machen 10 - Present Middle/Passive Indicative

sg.	1	λύομαι
	2	λύῃ
	3	λύεται
pl.	1	λυόμεθα
	2	λύεσθε
	3	λύονται

Machen 10 - Present Middle/Passive Indicative

sg.	1	
	2	
	3	
pl.	1	
	2	
	3	

Verb Formation (pg. 1)

Present System:

Pres. Act. Ind. (loose, am loosing)
(stem - variable vowel - ending)

λύ ω	[-μι]
λύ εις	[-σι]
λύ ει	[-τι]
λύ ο μεν	[-μεν]
λύ ε τε	[-τε]
λύ ουσι [ν]	[-ντι]

Pres. Mid./Pass. Ind. (loose for myself) (am being loosed)
(stem - v.v. - ending)

λύ ο μαι	[-μαι]
λύ ῃ	[-σαι]
λύ ε ται	[-ται]
λυ ό μεθα	[-μεθα]
λύ ε σθε	[-σθε]
λύ ο νται	[-νται]

Impf. Act. Ind. (was loosing)
(aug. - stem - v.v. - end)

ἔ λυ ο ν	[-ν]
ἔ λυ ε ς	[-ς]
ἔ λυ ε [ν]	[-]
ἐ λύ ο μεν	[-μεν]
ἐ λύ ε τε	[-τε]
ἔ λυ ο ν	[-ν]

Impf. Mid./Pass. Ind. (was loosing for myself) (was being loosed)
(aug. - stem - v.v. - end)

ἐ λυ ό μην	[-μην]
ἐ λύ ου	[-σο]
ἐ λύ ε το	[-το]
ἐ λυ ό μεθα	[-μεθα]
ἐ λύ ε σθε	[-σθε]
ἐ λύ ο ντο	[-ντο]

Future System:

Fut. Act. Ind. (shall loose)
(stem - tense sign - v.v. - end)

λύ σ ω	[-μι]
λύ σ εις	[-σι]
λύ σ έι	[-τι]
λύ σ ο μεν	[-μεν]
λύ σ ε τε	[-τε]
λύ σ ουσι [ν]	[-ντι]

Fut. Mid. Ind. (shall loose for myself)
(stem - tense sign - v.v. - end)

λύ σ ο μαι	[-μαι]
λύ σ ῃ	[-σαι]
λύ σ ε ται	[-ται]
λυ σ ό μεθα	[-μεθα]
λύ σ ε σθε	[-σθε]
λύ σ ο νται	[-νται]

Verb Formation Review (pg.2)

Aorist System

¹Aor. Act. Ind. (loosed)
(aug. - stem - tense suff. - end.)

ἔ	λυ	σα		[–ν]
ἔ	λυ	σας		[–ς]
ἔ	λυ	σε	[ν]	[–]
ἐ	λύ	σα	μεν	[–μεν]
ἐ	λύ	σα	τε	[–τε]
ἔ	λυ	σα	ν	[–ν]

¹Aor. Mid. Ind. (loosed for myself)
(aug. - stem - t.s. - end.)

ἐ	λυ	σά	μην	[–μην]
ἐ	λύ	σ	ω	[–σο]
ἐ	λύ	σα	το	[–το]
ἐ	λυ	σά	μεθα	[–μεθα]
ἐ	λύ	σα	σθε	[–σθε]
ἐ	λύ	σα	ντο	[–ντο]

²Aor. Act. Ind. (left)
(aug. - stem - v.v. - end.)

ἔ	λιπ	ον		[–ν]
ἔ	λιπ	ες		[–ς]
ἔ	λιπ	ε	[ν]	[–]
ἐ	λίπ	ο	μεν	[–μεν]
ἐ	λίπ	ε	τε	[–τε]
ἔ	λιπ	ο	ν	[–ν]

²Aor. Mid. Ind.
(aug. - stem - v.v. - end.)

ἐ	λιπ	ό	μην	[–μην]
ἐ	λίπ	ου		[–σο]
ἐ	λίπ	ε	το	[–το]
ἐ	λιπ	ό	μεθα	[–μεθα]
ἐ	λίπ	ε	σθε	[–σθε]
ἐ	λίπ	ο	ντο	[–ντο]

¹Aor. Pass. Ind. (was loosed)
(aug. - stem - t.s. - end)

ἐ	λύ	θη	ν	[–ν]
ἐ	λύ	θη	ς	[–ς]
ἐ	λύ	θη		[–]
ἐ	λύ	θη	μεν	[–μεν]
ἐ	λύ	θη	τε	[–τε]
ἐ	λύ	θη	σαν	[–ν]

²Aor. Pass. Ind. (was written)
(aug. - stem - t.s. - end)

ἐ	γράφ	η	ν	[–ν]
ἐ	γράφ	η	ς	[–ς]
ἐ	γράφ	η		[–]
ἐ	γράφ	η	μεν	[–μεν]
ἐ	γράφ	η	τε	[–τε]
ἐ	γράφ	η	σαν	[–ν]

Verb Formation (pg. 3)

Future System

Fut. Pass. Ind. (shall be loosed)
(stem - t. sign - t. suff. - v.v. - end)

λυ θή σ ο μαι	[–μαι]
λυ θή σ ῃ	[–σαι]
λυ θή σ ε ται	[–ται]
λυ θη σ ό μεθα	[–μεθα]
λυ θή σ ε σθε	[–σθε]
λυ θή σ ο νται	[–νται]

²Fut. Pass. Ind. (shall be written)
(stem - t. sign - t. suff. - v.v. - end)

γραφ ή σ ο μαι	[–μαι]
γραφ ή σ ῃ	[–σαι]
γραφ ή σ ε ται	[–ται]
γραφ η σ ό μεθα	[–μεθα]
γραφ ή σ ε σθε	[–σθε]
γραφ ή σ ο νται	[–νται]

SUMMARY OF THE COMPONENTS OF VERB FORMS

TENSE			COMPONENTS (illustrated with 1st pl)		
Present		Stem		Variable Vowel	Ending
		λυ		ο	μεν
Imperfect	Augment	Stem		Variable Vowel	Ending
	ε	λυ		ο	μεν
Future		Stem	Tense Suffix	Variable Vowel	Ending
		λυ	σ	ο	μεν
1-Aorist	Augment	Stem	Tense Suffix	(included in T.S.)	Ending
	ε	λυ	σα		μεν
2-Aorist	Augment	Stem		Variable Vowel	Ending
	ε	λιπ		ο	μεν
Perfect	Reduplication	Stem	Tense Suffix	(included in T.S.)	Ending
	λε	λυ	κα		μεν
Pluperfect	Reduplication (may have augment too)	Stem	Tense Suffix	(included in T.S.)	Ending
ε	λε	λυ	κει		μεν

Parsing Guide

Verb	Tense	Voice	Mood	Prsn	Nmbr	1st Principal Part (Vocab Form)

Review of Greek Prepositions

Machen 1-12

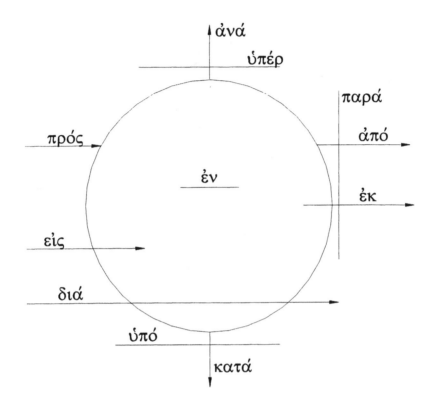

1. ἀπό (gen) = from

2. διά (gen) = through

    (acc) = on account of

3. εἰς (acc) = into

4. ἐκ (gen) = out of

5. ἐν (dat) = in

6. μετά (gen) = with

    (acc) = after

7. πρός (acc) = to

8. ὑπό (gen) = by

    (acc) = under

9. ἀνά (always compounded) = up

10. κατά (gen) = against

    (acc) = according to ["down"]

11. παρά (gen) = from

    (dat) = beside

    (acc) = alongside of

12. σύν (dat) = with

13. περί (gen) = concerning

    (acc) = around

14. ὑπέρ (gen) = in behalf of

    (acc) = above

Review of Greek Prepositions (Spacial)

Machen 1-12

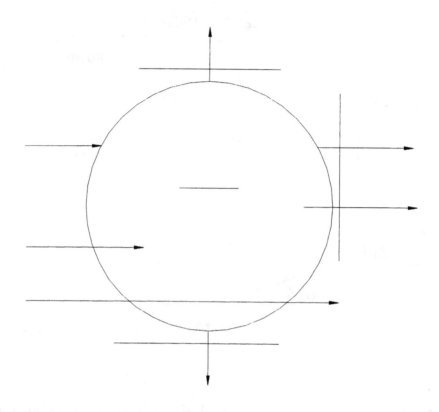

Review of Greek Prepositions (Non-spacial)

Machen 1-12

διά   (acc) = _____

κατά   (gen) = _____

       (acc) = _____

μετά   (gen) = _____

       (acc) = _____

παρά (gen) = _____

περί   (gen) = _____

       (acc) = _____

σύν   (dat) = _____

ὑπέρ (gen) = _____

ὑπό   (gen) = _____

Machen 11 - Imperfect Active Indicative

sg.	1	ἔλυον
	2	ἔλυες
	3	ἔλυε [ν]
pl.	1	ἐλύομεν
	2	ἐλύετε
	3	ἔλυον

Machen 11 - Imperfect Active Indicative

sg.	1	
	2	
	3	
pl.	1	
	2	
	3	

Machen 11 - Imperfect Indicative of εἰμί

sg.	1	ἤμην
	2	ἦς
	3	ἦν
pl.	1	ἦμεν
	2	ἦτε
	3	ἦσαν

Machen 11 - Imperfect Indicative of εἰμί

sg.	1	
	2	
	3	
pl.	1	
	2	
	3	

Machen 12 - Imperfect Middle/Passive Indicative

sg.	1	ἐλυόμην
	2	ἐλύου
	3	ἐλύετο
pl.	1	ἐλυόμεθα
	2	ἐλύεσθε
	3	ἐλύοντο

Machen 12 - Imperfect Middle/Passive Indicative

sg.	1	
	2	
	3	
pl.	1	
	2	
	3	

Machen 12 - Verb Summary (3,10,11,12) Pres and Impf Ind

Pres. Act. Ind.

sg.	1	λύω
	2	λύεις
	3	λύει
pl.	1	λύομεν
	2	λύετε
	3	λύουσι [ν]

Pres. Mid. Ind.

sg.	1	λύομαι
	2	λύῃ
	3	λύεται
pl.	1	λυόμεθα
	2	λύεσθε
	3	λύονται

Pres. Pass. Ind.

sg.	1	λύομαι
	2	λύῃ
	3	λύεται
pl.	1	λυόμεθα
	2	λύεσθε
	3	λύονται

Impf. Act. Ind.

sg.	1	ἔλυον
	2	ἔλυες
	3	ἔλυε [ν]
pl.	1	ἐλύομεν
	2	ἐλύετε
	3	ἔλυον

Impf. Mid. Ind.

sg.	1	ἐλυόμην
	2	ἐλύου
	3	ἐλύετο
pl.	1	ἐλυόμεθα
	2	ἐλύεσθε
	3	ἐλύοντο

Impf. Pass. Ind.

sg.	1	ἐλυόμην
	2	ἐλύου
	3	ἐλύετο
pl.	1	ἐλυόμεθα
	2	ἐλύεσθε
	3	ἐλύοντο

Machen 12 - Verb Summary (3,10,11,12) Pres and Impf Ind

Pres. Act. Ind.

sg.	1	
	2	
	3	
pl.	1	
	2	
	3	

Pres. Mid. Ind.

sg.	1	
	2	
	3	
pl.	1	
	2	
	3	

Pres. Pass. Ind.

sg.	1	
	2	
	3	
pl.	1	
	2	
	3	

Impf. Act. Ind.

sg.	1	
	2	
	3	
pl.	1	
	2	
	3	

Impf. Mid. Ind.

sg.	1	
	2	
	3	
pl.	1	
	2	
	3	

Impf. Pass. Ind.

sg.	1	
	2	
	3	
pl.	1	
	2	
	3	

Consonant Changes

Machen 13 – Fut. :   Consonant Changes

π, β, φ + σ = ψ (labial mutes)

κ, γ, χ + σ = ξ (palatal mutes)

τ, δ, θ + σ = --   (lingual mutes)

Machen 14 – 1-Aor. :   Same Consonant Changes

Machen 16 – Aor. & Fut. Pas. : Similar Changes in Consonant

π, β before θ = φ

κ, γ before θ = χ

τ, δ, θ before θ = σ

(but principal parts must be noted separately)

Machen 13 - Future Active and Middle Indicative

Active

sg.	1	λύσω
	2	λύσεις
	3	λύσει
pl.	1	λύσομεν
	2	λύσετε
	3	λύσουσι [ν]

Middle

sg.	1	λύσομαι
	2	λύσῃ
	3	λύσεται
pl.	1	λυσόμεθα
	2	λύσεσθε
	3	λύσονται

Machen 13 - Future Active and Middle Indicative

Active

sg.	1	
	2	
	3	
pl.	1	
	2	
	3	

Middle

sg.	1	
	2	
	3	
pl.	1	
	2	
	3	

Machen 14 - 1-Aorist Active and Middle Indicative

Active

sg.	1	ἔλυσα
	2	ἔλυσας
	3	ἔλυσε [ν]
pl.	1	ἐλύσαμεν
	2	ἐλύσατε
	3	ἔλυσαν

Middle

sg.	1	ἐλυσάμην
	2	ἐλύσω
	3	ἐλύσατο
pl.	1	ἐλυσάμεθα
	2	ἐλύσασθε
	3	ἐλύσαντο

Machen 14 - 1-Aorist Active and Middle Indicative

<u>Active</u>

sg.	1	
	2	
	3	
pl.	1	
	2	
	3	

<u>Middle</u>

sg.	1	
	2	
	3	
pl.	1	
	2	
	3	

Machen 15 - 2-Aorist Active and Middle Indicative

Active

sg.	1	ἔλιπον
	2	ἔλιπες
	3	ἔλιπε [ν]
pl.	1	ἐλίπομεν
	2	ἐλίπετε
	3	ἔλιπον

Middle

sg.	1	ἐλιπόμην
	2	ἐλίπου
	3	ἐλίπετο
pl.	1	ἐλιπόμεθα
	2	ἐλίπεσθε
	3	ἐλίποντο

Machen 15 - 2-Aorist Active and Middle Indicative

Active

sg.	1	
	2	
	3	
pl.	1	
	2	
	3	

Middle

sg.	1	
	2	
	3	
pl.	1	
	2	
	3	

Machen 16 - 1Aorist, 2Aorist and Future Passive Indicative

1Aor.

sg.	1	ἐλύθην
	2	ἐλύθης
	3	ἐλύθη
pl.	1	ἐλύθημεν
	2	ἐλύθητε
	3	ἐλύθησαν

Future

sg.	1	λυθήσομαι
	2	λυθήσῃ
	3	λυθήσεται
pl.	1	λυθησόμεθα
	2	λυθήσεσθε
	3	λυθήσονται

2Aor.

sg.	1	ἐγράφην
	2	ἐγράφης
	3	ἐγράφη
pl.	1	ἐγράφημεν
	2	ἐγράφητε
	3	ἐγράφησαν

2-Future

sg.	1	γραφήσομαι
	2	γραφήσῃ
	3	γραφήσεται
pl.	1	γραφησόμεθα
	2	γραφήσεσθε
	3	γραφήσονται

Machen 16 - 1Aorist, 2Aorist and Future Passive Indicative

1Aor.

sg.	1	
	2	
	3	
pl.	1	
	2	
	3	

Future

sg.	1	
	2	
	3	
pl.	1	
	2	
	3	

2Aor.

sg.	1	
	2	
	3	
pl.	1	
	2	
	3	

2-Future

sg.	1	
	2	
	3	
pl.	1	
	2	
	3	

Machen 16 - Verb Summary (13,16) Fut Ind

Fut Act Ind

sg.	1	λύσω
	2	λύσεις
	3	λύσει
pl.	1	λύσομεν
	2	λύσετε
	3	λύσουσι [ν]

Fut Mid Ind

sg.	1	λύσομαι
	2	λύσῃ
	3	λύσεται
pl.	1	λυσόμεθα
	2	λύσεσθε
	3	λύσονται

Fut Pass Ind

sg.	1	λυθήσομαι
	2	λυθήσῃ
	3	λυθήσεται
pl.	1	λυθησόμεθα
	2	λυθήσεσθε
	3	λυθήσονται

2-Fut Pass Ind

sg.	1	γραφήσομαι
	2	γραφήσῃ
	3	γραφήσεται
pl.	1	γραφησόμεθα
	2	γραφήσεσθε
	3	γραφήσονται

Machen 16 - Verb Summary (13,16) Fut Ind

Fut Act Ind

sg.	1	
	2	
	3	
pl.	1	
	2	
	3	

Fut Mid Ind

sg.	1	
	2	
	3	
pl.	1	
	2	
	3	

Fut Pass Ind

sg.	1	
	2	
	3	
pl.	1	
	2	
	3	

2-Fut Pass Ind

sg.	1	
	2	
	3	
pl.	1	
	2	
	3	

Machen 16 - Verb Summary (14,15,16) $^{1\&2}$Aor Ind

^{1}Aor Act Ind

sg.	1	ἔλυσα
	2	ἔλυσας
	3	ἔλυσε [ν]
pl.	1	ἐλύσαμεν
	2	ἐλύσατε
	3	ἔλυσαν

^{1}Aor Mid Ind

sg.	1	ἐλυσάμην
	2	ἐλύσω
	3	ἐλύσατο
pl.	1	ἐλυσάμεθα
	2	ἐλύσασθε
	3	ἐλύσαντο

^{1}Aor Pas Ind

sg.	1	ἐλύθην
	2	ἐλύθης
	3	ἐλύθη
pl.	1	ἐλύθημεν
	2	ἐλύθητε
	3	ἐλύθησαν

^{2}Aor Act Ind

sg.	1	ἔλιπον
	2	ἔλιπες
	3	ἔλιπε [ν]
pl.	1	ἐλίπομεν
	2	ἐλίπετε
	3	ἔλιπον

^{2}Aor Mid Ind

sg.	1	ἐλιπόμην
	2	ἐλίπου
	3	ἐλίπετο
pl.	1	ἐλιπόμεθα
	2	ἐλίπεσθε
	3	ἐλίποντο

^{2}Aor Pas Ind

sg.	1	ἐγράφην
	2	ἐγράφης
	3	ἐγράφη
pl.	1	ἐγράφημεν
	2	ἐγράφητε
	3	ἐγράφησαν

Machen 16 - Verb Summary (14,15,16) [1&2]Aor Ind

[1]Aor Act Ind

sg.	1	
	2	
	3	
pl.	1	
	2	
	3	

[1]Aor Mid Ind

sg.	1	
	2	
	3	
pl.	1	
	2	
	3	

[1]Aor Pas Ind

sg.	1	
	2	
	3	
pl.	1	
	2	
	3	

[2]Aor Act Ind

sg.	1	
	2	
	3	
pl.	1	
	2	
	3	

[2]Aor Mid Ind

sg.	1	
	2	
	3	
pl.	1	
	2	
	3	

[2]Aor Pas Ind

sg.	1	
	2	
	3	
pl.	1	
	2	
	3	

Principal Parts of Verbs in Machen 1-16

		Pres. Act. or Mid.	Fut. Act. or Mid.	Aor. Act. or Mid.	Perf. Act.	Perf. Mid. or Pass.	Aor. Pass.
1	lead	ἄγω	ἄξω	ἤγαγον			ἤχθην
2	take away	αἴρω					ἤρθην
3	hear	ἀκούω	ἀκούσω	ἤκουσα			ἠκούσθην
4	go up	ἀναβαίνω					
5	look up	ἀναβλέπω					
6	take up	ἀναλαμβάνω					
7	go away	ἀπέρχομαι (dep)					
8	die	ἀποθνήσκω		ἀπέθανον			
9	answer	ἀποκρίνομαι (dep)		ἀπεκρινάμην			ἀπεκρίθην
10	kill	ἀποκτείνω					ἀπεκτάνθην
11	release	ἀπολύω					
12	send	ἀποστέλλω					
13	rule	ἄρχω	ἄρξω	ἦρξα			
14	go	βαίνω	βήσομαι				
15	throw	βάλλω		ἔβαλον			ἐβλήθην
16	baptize	βαπτίζω	βαπτίσω	ἐβάπτισα			ἐβαπτίσθην
17	see	βλέπω	βλέψω	ἔβλεψα			ὤφθην
18	become	γίνομαι (dep)	γενήσομαι	ἐγενόμην			ἐγενήθην
19	know	γινώσκω	γνώσομαι				ἐγνώσθην
20	write	γράφω	γράψω	ἔγραψα			ἐγράφην
21	receive	δέχομαι (dep)	δέξομαι	ἐδεξάμην			ἐδέχθην
22	teach	διδάσκω	διδάξω	ἐδίδαξα			ἐδιδάχθην

23	go through	διέρχομαι (dep)					
24	persecute	διώκω	διώξω	ἐδίωξα			ἐδιώχθην
25	glorify	δοξάζω	δοξάσω	ἐδόξασα			ἐδοξάσθην
26	raise up	ἐγείρω					ἠγέρθην
27	am	εἰμί [impf. ἤμην]					
28	go in	εἰσέρχομαι (dep)					
29	go out	ἐκπορεύομαι (dep)					
30	go out	ἐξέρχομαι (dep)					
31	turn, return	ἐπιστρέφω	ἐπιστρέψω	ἐπέστρεψα			ἐπεστράφην
32	come, go	ἔρχομαι (dep)	ἐλεύσομαι	ἦλθον			
33	eat	ἐσθίω	φάγομαι	ἔφαγον			
34	prepare	ἑτοιμάζω	ἑτοιμάσω	ἡτοίμασα			ἡτοιμάσθην
35	have	ἔχω [impf. εἶχον]	ἕξω	ἔσχον			
36	wonder	θαυμάζω	θαυμάσομαι	ἐθαύμασα			ἐθαυμάσθην
37	heal	θεραπεύω	θεραπεύσω	ἐθεράπευσα			ἐθεραπεύθην
38	go down	καταβαίνω					
39	go down	κατέρχομαι (dep)					
40	preach	κηρύσσω	κηρύξω	ἐκήρυξα			ἐκηρύχθην
41	judge	κρίνω					ἐκρίθην
42	take, receive	λαμβάνω	λήμψομαι	ἔλαβον			ἐλήμφθην
43	say	λέγω		εἶπον			ἐρρέθην [η]
44	leave	λείπω	λείψω	ἔλιπον			ἐλείφθην
45	loose	λύω	λύσω	ἔλυσα			ἐλύθην

46	remain	μένω					
47	see	ὁράω	ὄψομαι	εἶδον			ὤφθην
48	receive	παραλαμβάνω					
49	persuade	πείθω	πείσω	ἔπεισα			ἐπείσθην
50	send	πέμπω	πέμψω	ἔπεμψα			ἐπέμφθην
51	fall	πίπτω		ἔπεσον /σα			
52	believe	πιστεύω	πιστεύσω	ἐπίστευσα			ἐπιστεύθην
53	go	πορεύομαι (dep)	πορεύσομαι	ἐπορευσάμην			ἐπορεύθην
54	pray	προσεύχομαι (dep)	προσεύξομαι	προσηυξάμην			
55	bring to	προσφέρω					
56	gather together	συνάγω					
57	come together	συνέρχομαι (dep)					
58	save	σώζω	σώσω	ἔσωσα			ἐσώθην
59	return	ὑποστρέφω					
60	carry	φέρω	οἴσω	ἤνεγκα			ἠνέχθην

"hope" (fem.)

sg.	n.	ἐλπίς
	g.	ἐλπίδος
	d.	ἐλπίδι
	a.	ἐλπίδα
	v.	ἐλπί
pl.	n.	ἐλπίδες
	g.	ἐλπίδων
	d.	ἐλπίσι [ν]
	a.	ἐλπίδας
	v.	ἐλπίδες

"night" (fem.)

sg.	n.	νύξ
	g.	νυκτός
	d.	νυκτί
	a.	νύκτα
	v.	νύξ
pl.	n.	νύκτες
	g.	νυκτῶν
	d.	νυξί [ν]
	a.	νύκτας
	v.	νύκτες

"a ruler" (masc.)

sg.	n.	ἄρχων
	g.	ἄρχοντος
	d.	ἄρχοντι
	a.	ἄρχοντα
	v.	ἄρχων
pl.	n.	ἄρχοντες
	g.	ἀρχόντων
	d.	ἄρχουσι [ν]
	a.	ἄρχοντας
	v.	ἄρχοντες

"a name" (neut.)

sg.	n.	ὄνομα
	g.	ὀνόματος
	d.	ὀνόματι
	a.	ὄνομα
	v.	ὄνομα
pl.	n.	ὀνόματα
	g.	ὀνομάτων
	d.	ὀνόμασι [ν]
	a.	ὀνόματα
	v.	ὀνόματα

Machen 17 - The Third Declension

"hope" (fem.)

sg.	n.	
	g.	
	d.	
	a.	
	v.	
pl.	n.	
	g.	
	d.	
	a.	
	v.	

"night" (fem.)

sg.	n.	
	g.	
	d.	
	a.	
	v.	
pl.	n.	
	g.	
	d.	
	a.	
	v.	

"a ruler" (masc.)

sg.	n.	
	g.	
	d.	
	a.	
	v.	
pl.	n.	
	g.	
	d.	
	a.	
	v.	

"a name" (neut.)

sg.	n.	
	g.	
	d.	
	a.	
	v.	
pl.	n.	
	g.	
	d.	
	a.	
	v.	

Machen 18 - Present Participles

Active

		masc.	fem.	neut.
sg.	n.	λύων	λύουσα	λῦον
	g.	λύοντος	λυούσης	λύοντος
	d.	λύοντι	λυούσῃ	λύοντι
	a.	λύοντα	λύουσαν	λῦον
pl.	n.	λύοντες	λύουσαι	λύοντα
	g.	λυόντων	λυουσῶν	λυόντων
	d.	λύουσι [ν]	λυούσαις	λύουσι [ν]
	a.	λύοντας	λυούσας	λύοντα

Mid./Pass.

		masc.	fem.	neut.
sg.	n.	λυόμενος	λυομένη	λυόμενον
	g.	λυομένου	λυομένης	λυομένου
	d.	λυομένῳ	λυομένῃ	λυομένῳ
	a.	λυόμενον	λυομένην	λυόμενον
pl.	n.	λυόμενοι	λυόμεναι	λυόμενα
	g.	λυομένων	λυομένων	λυομένων
	d.	λυομένοις	λυομέναις	λυομένοις
	a.	λυομένους	λυομένας	λυόμενα

Machen 18 - Present Participles

Active

		masc.	fem.	neut.
sg.	n.			
	g.			
	d.			
	a.			
pl.	n.			
	g.			
	d.			
	a.			

Mid./Pass.

		masc.	fem.	neut.
sg.	n.			
	g.			
	d.			
	a.			
pl.	n.			
	g.			
	d.			
	a.			

Explanation of Participle Usage

Adverbial Participles

A. Mostly with a noun or pronoun in any case
- is in Predicate Position
- is translated with a Temporal Clause
    - Pres Ptc with "while"
    - Aor Ptc with "when", "after"
            Examples   (Machen p 104)
(1) with Nom case
(2) with Acc case
(3) with Dat case   (Noun)
(4) with Dat case   (Pron)

B. Also goes with the "built-in" subject of verb.
- not really in Predicate Position
    (unless understood = he, but no article
    but no other Nom = Subject.
        - Example (Machen p. 106, #3)

Adjectival Participles

Occurs in Attributive Position (mostly with article repeated)
Translated by a Relative Clause = "who", "which"
With nouns in any case
    - Examples   (Machen p. 107 top = Nom case)
                (Machen p. 108 top = Acc case)

Substantival Participles

"Position" is undeterminative (no Noun)
Ptc (w article) is used as a noun/substantive
Translated   (All genders, numbers, cases)
        ►   the man who (says/is saying)
        ►   the one who (says/is saying)
        ►   he who (says/is saying)
                Examples: - Machen p. 108 middle (Nom Case)
                    - Machen p. 109   (1) (Acc Case Sg, Masc)
                                    (2) (Acc Case, Pl, Masc)
                                    (3) (Gen Case, Sg, Fem)
                                    (4) (Nom & Acc, Sg, Masc)
                                    (5) (Nom, Sg, Neut)
                                    (6) (Nom, Pl, Neut)

Guide for Translating Participles

Pattern of Words in Sentence with Examples & Translations	Position	Use / Type of Ptc	Translated by
ADVERBIAL **1. Article-Noun-Participle** [no Art with Ptc] (Ptc in any case is in agreement w any noun or pronoun in sentence) ὁ ἀπόστολος λέγων ταῦτα ἐν τῷ ἱερῷ βλέπει τὸν κύριον. The apostle, while he says these things in the temple, sees the Lord.	Predicate	Adverbial	Temporal Clause "while" (Pres) "after", "when" (Aor)
2. Participle stands alone [no article, noun or pron agreeing] (Ptc in nom case agrees with subject of verb & w no other words) πορευόμενος ἐν τῇ ὁδῷ εἶδεν τυφλόν. While he was going in the way, he saw a blind man.			
ADJECTIVAL **1. Article-Noun-Article-Participle** [Ptc immediately after Art] ὁ ἀπόστολος ὁ λέγων ταῦτα ἐν τῷ ἱερῷ βλέπει τὸν κύριον. The apostle who says these things in the temple sees the Lord.	Attributive	Adjectival	Relative Clause "who" "which" "that"
2. Article -Participle-Noun [Ptc immediately after Art] ὁ λέγων ταῦτα ἐν τῷ ἱερῷ ἀπόστολος βλέπει τὸν κύριον. The apostle who says these things in the temple sees the Lord.			
SUBSTANTIVAL **1. Article-Participle** [No noun, ptc is functioning as noun] ὁ λέγων ταῦτα ἐν τῷ ἱερῷ βλέπει τὸν κύριον. The man who is saying these things in the temple sees the Lord.	Indeterminate	Substantival	Relative Clause "the man who" "the one who" "he who"

59

Parsing Guide

Verb	Tense	Voice	Mood	Prsn	Nmbr	Case	Gndr	1st Principal Part (Vocab Form)

Machen 19 - Aorist Active and Middle Participles

1Aor. Act.

		masc.	fem.	neut.
sg.	n.	λύσας	λύσασα	λῦσαν
	g.	λύσαντος	λυσάσης	λύσαντος
	d.	λύσαντι	λυσάσῃ	λύσαντι
	a.	λύσαντα	λύσασαν	λῦσαν
pl.	n.	λύσαντες	λύσασαι	λύσαντα
	g.	λυσάντων	λυσασῶν	λυσάντων
	d.	λύσασι [ν]	λυσάσαις	λύσασι [ν]
	a.	λύσαντας	λυσάσας	λύσαντα

1Aor. Mid.

		masc.	fem.	neut.
sg.	n.	λυσάμενος	λυσαμένη	λυσάμενον
	g.	λυσαμένου	λυσαμένης	λυσαμένου
	d.	λυσαμένῳ	λυσαμένῃ	λυσαμένῳ
	a.	λυσάμενον	λυσαμένην	λυσάμενον
pl.	n.	λυσάμενοι	λυσάμεναι	λυσάμενα
	g.	λυσαμένων	λυσαμένων	λυσαμένων
	d.	λυσαμένοις	λυσαμέναις	λυσαμένοις
	a.	λυσαμένους	λυσαμένας	λυσάμενα

Machen 19 - Aorist Active and Middle Participles

1Aor. Act.

		masc.	fem.	neut.
sg.	n.			
	g.			
	d.			
	a.			
pl.	n.			
	g.			
	d.			
	a.			

1Aor. Mid.

		masc.	fem.	neut.
sg.	n.			
	g.			
	d.			
	a.			
pl.	n.			
	g.			
	d.			
	a.			

Machen 19 - Aorist Active and Middle Participles

2Aor. Act.

		masc.	fem.	neut.
sg.	n.	λιπών	λιποῦσα	λιπόν
	g.	λιπόντος	λιπούσης	λιπόντος
	d.	λιπόντι	λιπούσῃ	λιπόντι
	a.	λιπόντα	λιποῦσαν	λιπόν
pl.	n.	λιπόντες	λιποῦσαι	λιπόντα
	g.	λιπόντων	λιπουσῶν	λιπόντων
	d.	λιποῦσι [ν]	λιπούσαις	λιποῦσι [ν]
	a.	λιπόντας	λιπούσας	λιπόντα

2Aor. Mid.

		masc.	fem.	neut.
sg.	n.	λιπόμενος	λιπομένη	λιπόμενον
	g.	λιπομένου	λιπομένης	λιπομένου
	d.	λιπομένῳ	λιπομένῃ	λιπομένῳ
	a.	λιπόμενον	λιπομένην	λιπόμενον
pl.	n.	λιπόμενοι	λιπόμεναι	λιπόμενα
	g.	λιπομένων	λιπομένων	λιπομένων
	d.	λιπομένοις	λιπομέναις	λιπομένοις
	a.	λιπομένους	λιπομένας	λιπόμενα

2Aor. Act.

		masc.	fem.	neut.
sg.	n.			
	g.			
	d.			
	a.			
pl.	n.			
	g.			
	d.			
	a.			

2Aor. Mid.

		masc.	fem.	neut.
sg.	n.			
	g.			
	d.			
	a.			
pl.	n.			
	g.			
	d.			
	a.			

Machen 20 - Aorist Passive Participles

1Aor.

		masc.	fem.	neut.
sg.	n.	λυθείς	λυθεῖσα	λυθέν
	g.	λυθέντος	λυθείσης	λυθέντος
	d.	λυθέντι	λυθείσῃ	λυθέντι
	a.	λυθέντα	λυθεῖσαν	λυθέν
pl.	n.	λυθέντες	λυθεῖσαι	λυθέντα
	g.	λυθέντων	λυθεισῶν	λυθέντων
	d.	λυθεῖσι [ν]	λυθείσαις	λυθεῖσι [ν]
	a.	λυθέντας	λυθείσας	λυθέντα

2Aor.

		masc.	fem.	neut.
sg.	n.	γραφείς	γραφεῖσα	γραφέν
	g.	γραφέντος	γραφείσης	γραφέντος
	d.	γραφέντι	γραφείσῃ	γραφέντι
	a.	γραφέντα	γραφεῖσαν	γραφέν
pl.	n.	γραφέντες	γραφεῖσαι	γραφέντα
	g.	γραφέντων	γραφεισῶν	γραφέντων
	d.	γραφεῖσι [ν]	γραφείσαις	γραφεῖσι [ν]
	a.	γραφέντας	γραφείσας	γραφέντα

Machen 20 - Aorist Passive Participles

1Aor.

		masc.	fem.	neut.
sg.	n.			
	g.			
	d.			
	a.			
pl.	n.			
	g.			
	d.			
	a.			

2Aor.

		masc.	fem.	neut.
sg.	n.			
	g.			
	d.			
	a.			
pl.	n.			
	g.			
	d.			
	a.			

Machen 21 - The Subjunctive Mood

Present Subjunctive:

Active:

sg.	1	λύω
	2	λύῃς
	3	λύῃ
pl.	1	λύωμεν
	2	λύητε
	3	λύωσι [ν]

Middle/Passive:

sg.	1	λύωμαι
	2	λύῃ
	3	λύηται
pl.	1	λυώμεθα
	2	λύησθε
	3	λύωνται

1Aor. Subjunctive:

Active:

sg.	1	λύσω
	2	λύσῃς
	3	λύσῃ
pl.	1	λύσωμεν
	2	λύσητε
	3	λύσωσι [ν]

Middle:

sg.	1	λύσωμαι
	2	λύσῃ
	3	λύσηται
pl.	1	λυσώμεθα
	2	λύσησθε
	3	λύσωνται

Passive:

sg.	1	λυθῶ
	2	λυθῇς
	3	λυθῇ
pl.	1	λυθῶμεν
	2	λυθῆτε
	3	λυθῶσι [ν]

2Aor. Subjunctive:

Active:

sg.	1	λίπω
	2	λίπῃς
	3	λίπῃ
pl.	1	λίπωμεν
	2	λίπητε
	3	λίπωσι [ν]

Middle:

sg.	1	λίπωμαι
	2	λίπῃ
	3	λίπηται
pl.	1	λιπώμεθα
	2	λίπησθε
	3	λίπωνται

Passive:

sg.	1	γραφῶ
	2	γραφῇς
	3	γραφῇ
pl.	1	γραφῶμεν
	2	γραφῆτε
	3	γραφῶσι [ν]

Machen 21 - The Subjunctive Mood

Present Subjunctive:

Active:

sg.	1	
	2	
	3	
pl.	1	
	2	
	3	

Middle/Passive:

sg.	1	
	2	
	3	
pl.	1	
	2	
	3	

1Aor. Subjunctive:

Active:

sg.	1	
	2	
	3	
pl.	1	
	2	
	3	

Middle:

sg.	1	
	2	
	3	
pl.	1	
	2	
	3	

Passive:

sg.	1	
	2	
	3	
pl.	1	
	2	
	3	

2Aor. Subjunctive:

Active:

sg.	1	
	2	
	3	
pl.	1	
	2	
	3	

Middle:

sg.	1	
	2	
	3	
pl.	1	
	2	
	3	

Passive:

sg.	1	
	2	
	3	
pl.	1	
	2	
	3	

Machen 22 - Present and Aorist Infinitives

Present:

act.	mid./pas.	
λύειν	λύεσθαι	

1-Aorist:

act.	mid.	pas.
λῦσαι	λύσασθαι	λυθῆναι

2-Aorist:

act.	mid.	pas.
λιπεῖν	λιπέσθαι	γραφῆναι

Machen 22 - Present and Aorist Infinitives

Present:

act.

[   ]

mid./pas.

[   ]

1-Aorist:

act.

[   ]

mid.

[   ]

pas.

[   ]

2-Aorist:

act.

[   ]

mid.

[   ]

pas.

[   ]

Machen Ch. 23 - (α–contract)

α-contract

Pres. Act. Ind.

sg.	1	τιμῶ
	2	τιμᾷς
	3	τιμᾷ
pl.	1	τιμῶμεν
	2	τιμᾶτε
	3	τιμῶσι [ν]

Pres. Mid. Ind.

sg.	1	τιμῶμαι
	2	τιμᾷ
	3	τιμᾶται
pl.	1	τιμώμεθα
	2	τιμᾶσθε
	3	τιμῶνται

Pres. Pass. Ind.

sg.	1	τιμῶμαι
	2	τιμᾷ
	3	τιμᾶται
pl.	1	τιμώμεθα
	2	τιμᾶσθε
	3	τιμῶνται

Pres. Act. Subj.

sg.	1	τιμῶ
	2	τιμᾷς
	3	τιμᾷ
pl.	1	τιμῶμεν
	2	τιμᾶτε
	3	τιμῶσι [ν]

Pres. Mid. Subj.

sg.	1	τιμῶμαι
	2	τιμᾷ
	3	τιμᾶται
pl.	1	τιμώμεθα
	2	τιμᾶσθε
	3	τιμῶνται

Pres. Pass. Subj.

sg.	1	τιμῶμαι
	2	τιμᾷ
	3	τιμᾶται
pl.	1	τιμώμεθα
	2	τιμᾶσθε
	3	τιμῶνται

Pres. Act. Inf.

τιμᾶν

Pres. Mid. Inf.

τιμᾶσθαι

Pres. Pass. Inf.

τιμᾶσθαι

(remember, participles on the next page come in here)

Impf. Act. Ind.

sg.	1	ἐτίμων
	2	ἐτίμας
	3	ἐτίμα
pl.	1	ἐτιμῶμεν
	2	ἐτιμᾶτε
	3	ἐτίμων

Impf. Mid. Ind.

sg.	1	ἐτιμώμην
	2	ἐτιμῶ
	3	ἐτιμᾶτο
pl.	1	ἐτιμώμεθα
	2	ἐτιμᾶσθε
	3	ἐτιμῶντο

Impf. Pass. Ind.

sg.	1	ἐτιμώμην
	2	ἐτιμῶ
	3	ἐτιμᾶτο
pl.	1	ἐτιμώμεθα
	2	ἐτιμᾶσθε
	3	ἐτιμῶντο

α-contract

Pres. Act. Part.

		masc.	fem.	neut.
sg.	n.	τιμῶν	τιμῶσα	τιμῶν
	g.	τιμῶντος	τιμώσης	τιμῶντος
	d.	τιμῶντι	τιμώσῃ	τιμῶντι
	a.	τιμῶντα	τιμῶσαν	τιμῶν
pl.	n.	τιμῶντες	τιμῶσαι	τιμῶντα
	g.	τιμώντων	τιμωσῶν	τιμώντων
	d.	τιμῶσι [ν]	τιμώσαις	τιμῶσι [ν]
	a.	τιμῶντας	τιμῶσας	τιμῶντα

Pres. Mid. Part.

		masc.	fem.	neut.
sg.	n.	τιμώμενος	τιμωμένη	τιμώμενον
	g.	τιμωμένου	τιμωμένης	τιμωμένου
	d.	τιμωμένῳ	τιμωμένῃ	τιμωμένῳ
	a.	τιμώμενον	τιμωμένην	τιμώμενον
pl.	n.	τιμώμενοι	τιμώμεναι	τιμώμενα
	g.	τιμωμένων	τιμωμένων	τιμωμένων
	d.	τιμωμένοις	τιμωμέναις	τιμωμένοις
	a.	τιμωμένους	τιμωμένας	τιμώμενα

Pres. Pass. Part.

		masc.	fem.	neut.
sg.	n.	τιμώμενος	τιμωμένη	τιμώμενον
	g.	τιμωμένου	τιμωμένης	τιμωμένου
	d.	τιμωμένῳ	τιμωμένῃ	τιμωμένῳ
	a.	τιμώμενον	τιμωμένην	τιμώμενον
pl.	n.	τιμώμενοι	τιμώμεναι	τιμώμενα
	g.	τιμωμένων	τιμωμένων	τιμωμένων
	d.	τιμωμένοις	τιμωμέναις	τιμωμένοις
	a.	τιμωμένους	τιμωμένας	τιμώμενα

ε-contract

Pres. Act. Ind.

sg.	1	φιλῶ
	2	φιλεῖς
	3	φιλεῖ
pl.	1	φιλοῦμεν
	2	φιλεῖτε
	3	φιλοῦσι [ν]

Pres. Mid. Ind.

sg.	1	φιλοῦμαι
	2	φιλῇ
	3	φιλεῖται
pl.	1	φιλούμεθα
	2	φιλεῖσθε
	3	φιλοῦνται

Pres. Pass. Ind.

sg.	1	φιλοῦμαι
	2	φιλῇ
	3	φιλεῖται
pl.	1	φιλούμεθα
	2	φιλεῖσθε
	3	φιλοῦνται

Pres. Act. Subj.

sg.	1	φιλῶ
	2	φιλῇς
	3	φιλῇ
pl.	1	φιλῶμεν
	2	φιλῆτε
	3	φιλῶσι [ν]

Pres. Mid. Subj.

sg.	1	φιλῶμαι
	2	φιλῇ
	3	φιλῆται
pl.	1	φιλώμεθα
	2	φιλῆσθε
	3	φιλῶνται

Pres. Pass. Subj.

sg.	1	φιλῶμαι
	2	φιλῇ
	3	φιλῆται
pl.	1	φιλώμεθα
	2	φιλῆσθε
	3	φιλῶνται

Pres. Act. Inf.

φιλεῖν

Pres. Mid. Inf.

φιλεῖσθαι

Pres. Pass. Inf.

φιλεῖσθαι

(remember, participles on the next page come in here)

Impf. Act. Ind.

sg.	1	ἐφίλουν
	2	ἐφίλεις
	3	ἐφίλει
pl.	1	ἐφιλοῦμεν
	2	ἐφιλεῖτε
	3	ἐφίλουν

Impf. Mid. Ind.

sg.	1	ἐφιλούμην
	2	ἐφιλοῦ
	3	ἐφιλεῖτο
pl.	1	ἐφιλούμεθα
	2	ἐφιλεῖσθε
	3	ἐφιλοῦντο

Impf. Pass. Ind.

sg.	1	ἐφιλούμην
	2	ἐφιλοῦ
	3	ἐφιλεῖτο
pl.	1	ἐφιλούμεθα
	2	ἐφιλεῖσθε
	3	ἐφιλοῦντο

ε-contract

Pres. Act. Part.

		masc.	fem.	neut.
sg.	n.	φιλῶν	φιλοῦσα	φιλοῦν
	g.	φιλοῦντος	φιλούσης	φιλοῦντος
	d.	φιλοῦντι	φιλούσῃ	φιλοῦντι
	a.	φιλοῦντα	φιλοῦσαν	φιλοῦν
pl.	n.	φιλοῦντες	φιλοῦσαι	φιλοῦντα
	g.	φιλούντων	φιλουσῶν	φιλούντων
	d.	φιλοῦσι [ν]	φιλούσαις	φιλοῦσι [ν]
	a.	φιλοῦντας	φιλοῦσας	φιλοῦντα

Pres. Mid. Part.

		masc.	fem.	neut.
sg.	n.	φιλούμενος	φιλουμένη	φιλούμενον
	g.	φιλουμένου	φιλουμένης	φιλουμένου
	d.	φιλουμένῳ	φιλουμένῃ	φιλουμένῳ
	a.	φιλούμενον	φιλουμένην	φιλούμενον
pl.	n.	φιλούμενοι	φιλούμεναι	φιλούμενα
	g.	φιλουμένων	φιλουμένων	φιλουμένων
	d.	φιλουμένοις	φιλουμέναις	φιλουμένοις
	a.	φιλουμένους	φιλουμένας	φιλούμενα

Pres. Pass. Part.

		masc.	fem.	neut.
sg.	n.	φιλούμενος	φιλουμένη	φιλούμενον
	g.	φιλουμένου	φιλουμένης	φιλουμένου
	d.	φιλουμένῳ	φιλουμένῃ	φιλουμένῳ
	a.	φιλούμενον	φιλουμένην	φιλούμενον
pl.	n.	φιλούμενοι	φιλούμεναι	φιλούμενα
	g.	φιλουμένων	φιλουμένων	φιλουμένων
	d.	φιλουμένοις	φιλουμέναις	φιλουμένοις
	a.	φιλουμένους	φιλουμένας	φιλούμενα

o-contract

Pres. Act. Ind.

sg.	1	δηλῶ
	2	δηλοῖς
	3	δηλοῖ
pl.	1	δηλοῦμεν
	2	δηλοῦτε
	3	δηλοῦσι [ν]

Pres. Mid. Ind.

sg.	1	δηλοῦμαι
	2	δηλοῖ
	3	δηλοῦται
pl.	1	δηλούμεθα
	2	δηλοῦσθε
	3	δηλοῦνται

Pres. Pass. Ind.

sg.	1	δηλοῦμαι
	2	δηλοῖ
	3	δηλοῦται
pl.	1	δηλούμεθα
	2	δηλοῦσθε
	3	δηλοῦνται

Pres. Act. Subj.

sg.	1	δηλῶ
	2	δηλοῖς
	3	δηλοῖ
pl.	1	δηλῶμεν
	2	δηλῶτε
	3	δηλῶσι [ν]

Pres. Mid. Subj.

sg.	1	δηλῶμαι
	2	δηλοῖ
	3	δηλῶται
pl.	1	δηλώμεθα
	2	δηλῶσθε
	3	δηλῶνται

Pres. Pass. Subj.

sg.	1	δηλῶμαι
	2	δηλοῖ
	3	δηλῶται
pl.	1	δηλώμεθα
	2	δηλῶσθε
	3	δηλῶνται

Pres. Act. Inf.

δηλοῦν

Pres. Mid. Inf.

δηλοῦσθαι

Pres. Pass. Inf.

δηλοῦσθαι

(remember, participles on the next page come in here)

Impf. Act. Ind.

sg.	1	ἐδήλουν
	2	ἐδήλους
	3	ἐδήλου
pl.	1	ἐδηλοῦμεν
	2	ἐδηλοῦτε
	3	ἐδήλουν

Impf. Mid. Ind.

sg.	1	ἐδηλούμην
	2	ἐδηλοῦ
	3	ἐδηλοῦτο
pl.	1	ἐδηλούμεθα
	2	ἐδηλοῦσθε
	3	ἐδηλοῦντο

Impf. Pass. Ind.

sg.	1	ἐδηλούμην
	2	ἐδηλοῦ
	3	ἐδηλοῦτο
pl.	1	ἐδηλούμεθα
	2	ἐδηλοῦσθε
	3	ἐδηλοῦντο

o-contract

Pres. Act. Part.

		masc.	fem.	neut.
sg.	n.	δηλῶν	δηλοῦσα	δηλοῦν
	g.	δηλοῦντος	δηλούσης	δηλοῦντος
	d.	δηλοῦντι	δηλούσῃ	δηλοῦντι
	a.	δηλοῦντα	δηλοῦσαν	δηλοῦν
pl.	n.	δηλοῦντες	δηλοῦσαι	δηλοῦντα
	g.	δηλούντων	δηλουσῶν	δηλούντων
	d.	δηλοῦσι [ν]	δηλούσαις	δηλοῦσι [ν]
	a.	δηλοῦντας	δηλοῦσας	δηλοῦντα

Pres. Mid. Part.

		masc.	fem.	neut.
sg.	n.	δηλούμενος	δηλουμένη	δηλούμενον
	g.	δηλουμένου	δηλουμένης	δηλουμένου
	d.	δηλουμένῳ	δηλουμένῃ	δηλουμένῳ
	a.	δηλούμενον	δηλουμένην	δηλούμενον
pl.	n.	δηλούμενοι	δηλούμεναι	δηλούμενα
	g.	δηλουμένων	δηλουμένων	δηλουμένων
	d.	δηλουμένοις	δηλουμέναις	δηλουμένοις
	a.	δηλουμένους	δηλουμένας	δηλούμενα

Pres. Pass. Part.

		masc.	fem.	neut.
sg.	n.	δηλούμενος	δηλουμένη	δηλούμενον
	g.	δηλουμένου	δηλουμένης	δηλουμένου
	d.	δηλουμένῳ	δηλουμένῃ	δηλουμένῳ
	a.	δηλούμενον	δηλουμένην	δηλούμενον
pl.	n.	δηλούμενοι	δηλούμεναι	δηλούμενα
	g.	δηλουμένων	δηλουμένων	δηλουμένων
	d.	δηλουμένοις	δηλουμέναις	δηλουμένοις
	a.	δηλουμένους	δηλουμένας	δηλούμενα

Pres. Act. Ind.

sg.	1	
	2	
	3	
pl.	1	
	2	
	3	

Pres. Mid. Ind.

sg.	1	
	2	
	3	
pl.	1	
	2	
	3	

Pres. Pass. Ind.

sg.	1	
	2	
	3	
pl.	1	
	2	
	3	

Pres. Act. Subj.

sg.	1	
	2	
	3	
pl.	1	
	2	
	3	

Pres. Mid. Subj.

sg.	1	
	2	
	3	
pl.	1	
	2	
	3	

Pres. Pass. Subj.

sg.	1	
	2	
	3	
pl.	1	
	2	
	3	

Pres. Act. Inf.

Pres. Mid. Inf.

Pres. Pass. Inf.

(remember, participles on the next page come in here)

Impf. Act. Ind.

sg.	1	
	2	
	3	
pl.	1	
	2	
	3	

Impf. Mid. Ind.

sg.	1	
	2	
	3	
pl.	1	
	2	
	3	

Impf. Pass. Ind.

sg.	1	
	2	
	3	
pl.	1	
	2	
	3	

Pres. Act. Part.

		masc.	fem.	neut.
sg.	n.			
	g.			
	d.			
	a.			
pl.	n.			
	g.			
	d.			
	a.			

Pres. Mid. Part.

		masc.	fem.	neut.
sg.	n.			
	g.			
	d.			
	a.			
pl.	n.			
	g.			
	d.			
	a.			

Pres. Pass. Part.

		masc.	fem.	neut.
sg.	n.			
	g.			
	d.			
	a.			
pl.	n.			
	g.			
	d.			
	a.			

Machen 24 - Liquid Verbs

Future:

act. indic.

sg.	1	κρινῶ
	2	κρινεῖς
	3	κρινεῖ
pl.	1	κρινοῦμεν
	2	κρινεῖτε
	3	κρινοῦσι [ν]

mid. indic.

sg.	1	κρινοῦμαι
	2	κρινῇ
	3	κρινεῖται
pl.	1	κρινούμεθα
	2	κρινεῖσθε
	3	κρινοῦνται

pass. indic.

sg.	1	φανήσομαι
	2	φανήσῃ
	3	φανήσεται
pl.	1	φανησόμεθα
	2	φανήσεσθε
	3	φανήσονται

Future:

act. indic.

sg.	1	
	2	
	3	
pl.	1	
	2	
	3	

mid. indic.

sg.	1	
	2	
	3	
pl.	1	
	2	
	3	

pass. indic.

sg.	1	
	2	
	3	
pl.	1	
	2	
	3	

Machen 24 - Liquid Verbs

L-aor. act. indic.

sg.	1	ἔκρινα
	2	ἔκρινας
	3	ἔκρινε [ν]
pl.	1	ἐκρίναμεν
	2	ἐκρίνατε
	3	ἔκριναν

L-aor. mid. indic.

sg.	1	ἐκρινάμην
	2	ἐκρίνω
	3	ἐκρίνατο
pl.	1	ἐκρινάμεθα
	2	ἐκρίνασθε
	3	ἐκρίναντο

L-aor. pass. indic.

sg.	1	ἐφάνην
	2	ἐφάνης
	3	ἐφάνη
pl.	1	ἐφάνημεν
	2	ἐφάνητε
	3	ἐφάνησαν

L-aor. act. subj.

sg.	1	κρίνω
	2	κρίνῃς
	3	κρίνῃ
pl.	1	κρίνωμεν
	2	κρίνητε
	3	κρίνωσι [ν]

L-aor. mid. subj.

sg.	1	κρίνωμαι
	2	κρίνῃ
	3	κρίνηται
pl.	1	κρινώμεθα
	2	κρίνησθε
	3	κρίνωνται

L-aor. pass. subj.

sg.	1	φανῶ
	2	φανῇς
	3	φανῇ
pl.	1	φανῶμεν
	2	φανῆτε
	3	φανῶσι [ν]

L-aor. act. infin.

κρῖναι

L-aor. mid. infin.

κρίνασθαι

L-aor. pass. infin.

φανῆναι

Machen 24 - Liquid Verbs

L-aor. act. indic.

sg.	1	
	2	
	3	
pl.	1	
	2	
	3	

L-aor. mid. indic.

sg.	1	
	2	
	3	
pl.	1	
	2	
	3	

L-aor. pass. indic.

sg.	1	
	2	
	3	
pl.	1	
	2	
	3	

L-aor. act. subj.

sg.	1	
	2	
	3	
pl.	1	
	2	
	3	

L-aor. mid. subj.

sg.	1	
	2	
	3	
pl.	1	
	2	
	3	

L-aor. pass. subj.

sg.	1	
	2	
	3	
pl.	1	
	2	
	3	

L-aor. act. infin.

L-aor. mid. infin.

L-aor. pass. infin.

L-aor. act. ptc.

sg.	n.	κρίνας	κρίνασα	κρῖναν
	g.	κρίναντος	κρινάσης	κρίναντος
	d.	κρίναντι	κρινάσῃ	κρίναντι
	a.	κρίναντα	κρίνασαν	κρῖναν
pl.	n.	κρίναντες	κρίνασαι	κρίναντα
	g.	κρινάντων	κρινασῶν	κρινάντων
	d.	κρίνασι [ν]	κρινάσαις	κρίνασι [ν]
	a.	κρίναντας	κρινάσας	κρίναντα

L-aor. mid. ptc.

sg.	n.	κρινάμενος	κριναμένη	κρινάμενον
	g.	κριναμένου	κριναμένης	κριναμένου
	d.	κριναμένῳ	κριναμένῃ	κριναμένῳ
	a.	κρινάμενον	κριναμένην	κρινάμενον
pl.	n.	κρινάμενοι	κρινάμεναι	κρινάμενα
	g.	κριναμένων	κριναμένων	κριναμένων
	d.	κριναμένοις	κριναμέναις	κριναμένοις
	a.	κριναμένους	κριναμένας	κρινάμενα

L-aor. pass. ptc.

sg.	n.	φανείς	φανεῖσα	φανέν
	g.	φανέντος	φανείσης	φανέντος
	d.	φανέντι	φανείσῃ	φανέντι
	a.	φανέντα	φανεῖσαν	φανέν
pl.	n.	φανέντες	φανεῖσαι	φανέντα
	g.	φανέντων	φανεισῶν	φανέντων
	d.	φανεῖσι [ν]	φανείσαις	φανεῖσι [ν]
	a.	φανέντας	φανείσας	φανέντα

L-aor. act. ptc.

sg.	n.			
	g.			
	d.			
	a.			
pl.	n.			
	g.			
	d.			
	a.			

L-aor. mid. ptc.

sg.	n.			
	g.			
	d.			
	a.			
pl.	n.			
	g.			
	d.			
	a.			

L-aor. pass. ptc.

sg.	n.			
	g.			
	d.			
	a.			
pl.	n.			
	g.			
	d.			
	a.			

Principal Parts of Verbs in Machen 21-24 (plus 8 liquids)

	English	Pres. Act. or Mid.	Fut. Act. or Mid.	Aor. Act. or Mid.			Aor. Pas.
1	I love	ἀγαπάω	ἀγαπήσω	ἠγάπησα			ἠγαπήθην
2	take away	αἴρω	ἀρῶ	ἦρα			ἤρθην
3	follow	ἀκολουθέω	ἀκολουθήσω	ἠκολούθησα			
4	sin	ἁμαρτάνω	ἁμαρτήσω	ἡμάρτησα /–τον			[ἡμαρτήθην]
5	die	ἀποθνήσκω	ἀποθανοῦμαι	ἀπέθανον			
6	kill	ἀποκτείνω	ἀποκτενῶ	ἀπέκτεινα			ἀπεκτάνθην
7	send	ἀποστέλλω	ἀποστελῶ	ἀπέστειλα			ἀπεστάλην
8	throw	βάλλω	βαλῶ	ἔβαλον			ἐβλήθην
9	it is necessary	δεῖ					
10	show	δηλόω	δηλώσω	ἐδήλωσα			ἐδηλώθην
11	raise up	ἐγείρω	ἐγερῶ	ἤγειρα			ἠγέρθην
12	am	εἰμί	ἔσομαι	ἤμην **(imperfect)**			
13	it is lawful	ἔξεστι					
14	proclaim gospel	εὐαγγελίζομαι	[εὐαγγελίσομαι]	εὐηγγελισάμην			εὐηγγελίσθην
15	bless	εὐλογέω	εὐλογήσω	εὐλόγησα			εὐλογήθην
16	give thanks	εὐχαριστέω	εὐχαριστήσω	εὐχαρίστησα			εὐχαριστήθην
17	seek	ζητέω	ζητήσω	ἐζήτησα			
18	wish	θέλω	θελήσω	ἠθέλησα			
19	behold	θεωρέω	θεωρήσω	ἐθεώρησα			
20	call	καλέω	καλέσω	ἐκάλεσα			ἐκλήθην
21	command	κελεύω	[κελεύσω]	ἐκέλευσα			
22	judge	κρίνω	κρινῶ	ἔκρινα			ἐκρίθην
23	speak	λαλέω	λαλήσω	ἐλάλησα			ἐλαλήθην
24	am about to	μέλλω	μελλήσω				
25	remain	μένω	μενῶ	ἔμεινα			

26	repent	μετανοέω	μετανοήσω	μετενόησα			
27	owe, ought	ὀφείλω					
28	exhort	παρακαλέω					
29	suffer	πάσχω	[πείσομαι]	ἔπαθον			
30	walk	περιπατέω	περιπατήσω	περιεπάτησα			
31	do, make	ποιέω	ποιήσω	ἐποίησα			ἐποιήθην
32	worship	προσκυνέω	προσκυνησω	προσεκύνησα			
33	sow	σπείρω	σπερῶ	ἔσπειρα			ἐσπάρην
34	crucify	σταυρόω	σταυρώσω	ἐσταύρωσα			ἐσταυρώθην
35	keep	τηρέω	τηρήσω	ἐτήρησα			ἐτηρήθην
36	honor	τιμάω	τιμήσω	ἐτίμησα			[ἐτιμήθην]
37	love	φιλέω	[φιλήσω]	ἐφίλησα			[ἐφιλήθην]
38	am afraid	φοβέομαι					ἐφοβήθην

Machen 24 - Future Indicative of εἰμί

sg.	1	ἔσομαι
	2	ἔσῃ
	3	ἔσται
pl.	1	ἐσόμεθα
	2	ἔσεσθε
	3	ἔσονται

Machen 24 - Future Indicative of εἰμί

sg.	1	
	2	
	3	
pl.	1	
	2	
	3	

Machen 25 - Third Declension Nouns

"grace"

sg.	n.	χάρις
	g.	χάριτος
	d.	χάριτι
	a.	χάριν
	v.	χάρις
pl.	n.	χάριτες
	g.	χαρίτων
	d.	χάρισι [ν]
	a.	χάριτας
	v.	χάριτες

"city"

sg.	n.	πόλις
	g.	πόλεως
	d.	πόλει
	a.	πόλιν
	v.	πόλι
pl.	n.	πόλεις
	g.	πόλεων
	d.	πόλεσι [ν]
	a.	πόλεις
	v.	πόλεις

"race"

sg.	n.	γένος
	g.	γένους
	d.	γένει
	a.	γένος
	v.	γένος
pl.	n.	γένη
	g.	γενῶν
	d.	γένεσι [ν]
	a.	γένη
	v.	γένη

"king"

sg.	n.	βασιλεύς
	g.	βασιλέως
	d.	βασιλεῖ
	a.	βασιλέα
	v.	βασιλεῦ
pl.	n.	βασιλεῖς
	g.	βασιλέων
	d.	βασιλεῦσι [ν]
	a.	βασιλεῖς
	v.	βασιλεῖς

"truth"

		masc./fem.	neut.
sg.	n.	ἀληθής	ἀληθές
	g.	ἀληθοῦς	ἀληθοῦς
	d.	ἀληθεῖ	ἀληθεῖ
	a.	ἀληθῆ	ἀληθές
	v.	ἀληθές	ἀληθές
pl.	n.	ἀληθεῖς	ἀληθῆ
	g.	ἀληθῶν	ἀληθῶν
	d.	ἀληθέσι [ν]	ἀληθέσι [ν]
	a.	ἀληθεῖς	ἀληθῆ
	v.	ἀληθεῖς	ἀληθῆ

Machen 25 - Third Declension Nouns

"grace"

sg.	n.	
	g.	
	d.	
	a.	
	v.	
pl.	n.	
	g.	
	d.	
	a.	
	v.	

"city"

sg.	n.	
	g.	
	d.	
	a.	
	v.	
pl.	n.	
	g.	
	d.	
	a.	
	v.	

"race"

sg.	n.	
	g.	
	d.	
	a.	
	v.	
pl.	n.	
	g.	
	d.	
	a.	
	v.	

"king"

sg.	n.	
	g.	
	d.	
	a.	
	v.	
pl.	n.	
	g.	
	d.	
	a.	
	v.	

"truth"

		masc./fem.	neut.
sg.	n.		
	g.		
	d.		
	a.		
	v.		
pl.	n.		
	g.		
	d.		
	a.		
	v.		

Machen 26 - "All" and "Much"

"all"

		masc.	fem.	neut.
sg.	n.	πᾶς	πᾶσα	πᾶν
	g.	παντός	πάσης	παντός
	d.	παντί	πάσῃ	παντί
	a.	πάντα	πᾶσαν	πᾶν
pl.	n.	πάντες	πᾶσαι	πάντα
	g.	πάντων	πασῶν	πάντων
	d.	πᾶσι [ν]	πάσαις	πᾶσι [ν]
	a.	πάντας	πάσας	πάντα

"much"

		masc.	fem.	neut.
sg.	n.	πολύς	πολλή	πολύ
	g.	πολλοῦ	πολλῆς	πολλοῦ
	d.	πολλῷ	πολλῇ	πολλῷ
	a.	πολύν	πολλήν	πολύ
pl.	n.	πολλοί	πολλαί	πολλά
	g.	πολλῶν	πολλῶν	πολλῶν
	d.	πολλοῖς	πολλαῖς	πολλοῖς
	a.	πολλούς	πολλάς	πολλά

Machen 26 - "All" and "Much"

"all"

		masc.	fem.	neut.
sg.	n.			
	g.			
	d.			
	a.			
pl.	n.			
	g.			
	d.			
	a.			

"much"

		masc.	fem.	neut.
sg.	n.			
	g.			
	d.			
	a.			
pl.	n.			
	g.			
	d.			
	a.			

Machen 26 - "Great" and "One"

"great"

		masc.	fem.	neut.
sg.	n.	μέγας	μεγάλη	μέγα
	g.	μεγάλου	μεγάλης	μεγάλου
	d.	μεγάλῳ	μεγάλῃ	μεγάλῳ
	a.	μέγαν	μεγάλην	μέγα
	v.	μεγάλε	μεγάλη	μέγα
pl.	n.	μεγάλοι	μεγάλαι	μεγάλα
	g.	μεγάλων	μεγάλων	μεγάλων
	d.	μεγάλοις	μεγάλαις	μεγάλοις
	a.	μεγάλους	μεγάλας	μεγάλα
	v.	μεγάλοι	μεγάλαι	μεγάλα

"one"

		masc.	fem.	neut.
sg.	n.	εἷς	μία	ἕν
	g.	ἑνός	μιᾶς	ἑνός
	d.	ἑνί	μιᾷ	ἑνί
	a.	ἕνα	μίαν	ἕν

Machen 26 - "Great" and "One"

"great"

		masc.	fem.	neut.
sg.	n.			
	g.			
	d.			
	a.			
	v.			
pl.	n.			
	g.			
	d.			
	a.			
	v.			

"one"

		masc.	fem.	neut.
sg.	n.			
	g.			
	d.			
	a.			

Machen 27 - Pronouns

Interrogative Pronouns

		masc./fem.	neut.
sg.	n.	τίς	τί
	g.	τίνος	τίνος
	d.	τίνι	τίνι
	a.	τίνα	τί
pl.	n.	τίνες	τίνα
	g.	τίνων	τίνων
	d.	τίσι [ν]	τίσι [ν]
	a.	τίνας	τίνα

Indefinite Pronouns

		masc./fem.	neut.
sg.	n.	τις	τι
	g.	τινός	τινός
	d.	τινί	τινί
	a.	τινά	τι
pl.	n.	τινές	τινά
	g.	τινῶν	τινῶν
	d.	τισί [ν]	τισί [ν]
	a.	τινάς	τινά

Relative Pronouns

		masc.	fem.	neut.
sg.	n.	ὅς	ἥ	ὅ
	g.	οὗ	ἧς	οὗ
	d.	ᾧ	ᾗ	ᾧ
	a.	ὅν	ἥν	ὅ
pl.	n.	οἵ	αἵ	ἅ
	g.	ὧν	ὧν	ὧν
	d.	οἷς	αἷς	οἷς
	a.	οὕς	ἅς	ἅ

Machen 27 - Pronouns

Interrogative Pronouns

		masc./fem.	neut.
sg.	n.		
	g.		
	d.		
	a.		
pl.	n.		
	g.		
	d.		
	a.		

Indefinite Pronouns

		masc./fem.	neut.
sg.	n.		
	g.		
	d.		
	a.		
pl.	n.		
	g.		
	d.		
	a.		

Relative Pronouns

		masc.	fem.	neut.
sg.	n.			
	g.			
	d.			
	a.			
pl.	n.			
	g.			
	d.			
	a.			

Machen 28 - The Imperative Mood

Present Tense:

(regular)

act.

sg.	2	λῦε
	3	λυέτω
pl.	2	λύετε
	3	λυέτωσαν

mid./pass.

sg.	2	λύου
	3	λυέσθω
pl.	2	λύεσθε
	3	λυέσθωσαν

(contract α)

act.

sg.	2	τίμα
	3	τιμάτω
pl.	2	τιμᾶτε
	3	τιμάτωσαν

mid./pass.

sg.	2	τιμῶ
	3	τιμάσθω
pl.	2	τιμᾶσθε
	3	τιμάσθωσαν

(contract ε)

act.

sg.	2	φίλει
	3	φιλείτω
pl.	2	φιλεῖτε
	3	φιλείτωσαν

mid./pass.

sg.	2	φιλοῦ
	3	φιλείσθω
pl.	2	φιλεῖσθε
	3	φιλείσθωσαν

(contract o)

act.

sg.	2	δήλου
	3	δηλούτω
pl.	2	δηλοῦτε
	3	δηλούτωσαν

mid./pass.

sg.	2	δηλοῦ
	3	δηλούσθω
pl.	2	δηλοῦσθε
	3	δηλούσθωσαν

Machen 28 - The Imperative Mood

Present Tense:

(regular)   **act.**

sg.	2	
	3	
pl.	2	
	3	

mid./pass.

sg.	2	
	3	
pl.	2	
	3	

(contract α)   **act.**

sg.	2	
	3	
pl.	2	
	3	

mid./pass.

sg.	2	
	3	
pl.	2	
	3	

(contract ε)   **act.**

sg.	2	
	3	
pl.	2	
	3	

mid./pass.

sg.	2	
	3	
pl.	2	
	3	

(contract o)   **act.**

sg.	2	
	3	
pl.	2	
	3	

mid./pass.

sg.	2	
	3	
pl.	2	
	3	

Machen 28 - The Imperative Mood

Aorist Tense:

(1-aor.)

		act.				mid.				pass.
sg.	2	λῦσον		sg.	2	λῦσαι		sg.	2	λύθητι
	3	λυσάτω			3	λυσάσθω			3	λυθήτω
pl.	2	λύσατε		pl.	2	λύσασθε		pl.	2	λύθητε
	3	λυσάτωσαν			3	λυσάσθωσαν			3	λυθήτωσαν

(2-aor.)

		act.				mid.				pass.
sg.	2	λίπε		sg.	2	λιποῦ		sg.	2	γράφηθι
	3	λιπέτω			3	λιπέσθω			3	γραφήτω
pl.	2	λίπετε		pl.	2	λίπεσθε		pl.	2	γράφητε
	3	λιπέτωσαν			3	λιπέσθωσαν			3	γραφήτωσαν

(L-aor.)

		act.				mid.				pass.
sg.	2	κρῖνον		sg.	2	κρῖναι		sg.	2	φάνηθι
	3	κρινάτω			3	κρινάσθω			3	φανήτω
pl.	2	κρίνατε		pl.	2	κρίνασθε		pl.	2	φάνητε
	3	κρινάτωσαν			3	κρινάσθωσαν			3	φανήτωσαν

Aorist Tense:

(1-aor.) **act.**

sg.	2	
	3	
pl.	2	
	3	

mid.

sg.	2	
	3	
pl.	2	
	3	

pass.

sg.	2	
	3	
pl.	2	
	3	

(2-aor.) **act.**

sg.	2	
	3	
pl.	2	
	3	

mid.

sg.	2	
	3	
pl.	2	
	3	

pass.

sg.	2	
	3	
pl.	2	
	3	

(L-aor.) **act.**

sg.	2	
	3	
pl.	2	
	3	

mid.

sg.	2	
	3	
pl.	2	
	3	

pass.

sg.	2	
	3	
pl.	2	
	3	

Machen 29 - The Perfect Tense

Perf. Act. Ind.

sg.		
	1	λέλυκα
	2	λέλυκας
	3	λέλυκε [ν]
pl.	1	λελύκαμεν
	2	λελύκατε
	3	λελύκασι [or καν]

Perf. Mid. Ind.

sg.		
	1	λέλυμαι
	2	λέλυσαι
	3	λέλυται
pl.	1	λελύμεθα
	2	λέλυσθε
	3	λέλυνται

Perf. Pass. Ind.

sg.		
	1	λέλυμαι
	2	λέλυσαι
	3	λέλυται
pl.	1	λελύμεθα
	2	λέλυσθε
	3	λέλυνται

2-Perf. Act. Ind.

sg.		
	1	λέλοιπα
	2	λέλοιπας
	3	λέλοιπε [ν]
pl.	1	λελοίπαμεν
	2	λελοίπατε
	3	λελοίπασι [or αν]

Perf. Act. Inf.

λελυκέναι

Perf. Mid. Inf.

λελύσθαι

Perf. Pass. Inf.

λελύσθαι

Machen 29 - The Perfect Tense

Perf. Act. Ind.

sg.	1	
	2	
	3	
pl.	1	
	2	
	3	

Perf. Mid. Ind.

sg.	1	
	2	
	3	
pl.	1	
	2	
	3	

Perf. Pass. Ind.

sg.	1	
	2	
	3	
pl.	1	
	2	
	3	

Perf. Act. Inf.

Perf. Mid. Inf.

Perf. Pass. Inf.

Perf. Act. Part.

sg.	n.	λελυκώς	λελυκυῖα	λελυκός
	g.	λελυκότος	λελυκυίας	λελυκότος
	d.	λελυκότι	λελυκυίᾳ	λελυκότι
	a.	λελυκότα	λελυκυῖαν	λελυκός
pl.	n.	λελυκότες	λελυκυῖαι	λελυκότα
	g.	λελυκότων	λελυκυιῶν	λελυκότων
	d.	λελυκόσι [ν]	λελυκυίαις	λελυκόσι [ν]
	a.	λελυκότας	λελυκυίας	λελυκότα

Perf. Mid. Part.

sg.	n.	λελυμένος	λελυμένη	λελυμένον
	g.	λελυμένου	λελυμένης	λελυμένου
	d.	λελυμένῳ	λελυμένῃ	λελυμένῳ
	a.	λελυμένον	λελυμένην	λελυμένον
pl.	n.	λελυμένοι	λελυμέναι	λελυμένα
	g.	λελυμένων	λελυμένων	λελυμένων
	d.	λελυμένοις	λελυμέναις	λελυμένοις
	a.	λελυμένους	λελυμένας	λελυμένα

Perf. Pass. Part.

sg.	n.	λελυμένος	λελυμένη	λελυμένον
	g.	λελυμένου	λελυμένης	λελυμένου
	d.	λελυμένῳ	λελυμένῃ	λελυμένῳ
	a.	λελυμένον	λελυμένην	λελυμένον
pl.	n.	λελυμένοι	λελυμέναι	λελυμένα
	g.	λελυμένων	λελυμένων	λελυμένων
	d.	λελυμένοις	λελυμέναις	λελυμένοις
	a.	λελυμένους	λελυμένας	λελυμένα

Perf. Act. Part.

sg.	n.			
	g.			
	d.			
	a.			
pl.	n.			
	g.			
	d.			
	a.			

Perf. Mid. Part.

sg.	n.			
	g.			
	d.			
	a.			
pl.	n.			
	g.			
	d.			
	a.			

Perf. Pass. Part.

sg.	n.			
	g.			
	d.			
	a.			
pl.	n.			
	g.			
	d.			
	a.			

Machen 29 - The Pluperfect Tense

Plupf. Act. Ind.

sg.	1	[ἐ] λελύκειν
	2	[ἐ] λελύκεις
	3	[ἐ] λελύκει
pl.	1	[ἐ] λελύκειμεν
	2	[ἐ] λελύκειτε
	3	[ἐ] λελύκεισαν

Plupf. Mid. Ind.

sg.	1	[ἐ] λελύμην
	2	[ἐ] λέλυσο
	3	[ἐ] λέλυτο
pl.	1	[ἐ] λελύμεθα
	2	[ἐ] λέλυσθε
	3	[ἐ] λέλυντο

Plupf. Pas. Ind.

sg.	1	[ἐ] λελύμην
	2	[ἐ] λέλυσο
	3	[ἐ] λέλυτο
pl.	1	[ἐ] λελύμεθα
	2	[ἐ] λέλυσθε
	3	[ἐ] λέλυντο

Machen 29 - The Pluperfect Tense

Plupf. Act. Ind.

sg.	1	
	2	
	3	
pl.	1	
	2	
	3	

Plupf. Mid. Ind.

sg.	1	
	2	
	3	
pl.	1	
	2	
	3	

Plupf. Pas. Ind.

sg.	1	
	2	
	3	
pl.	1	
	2	
	3	

Machen 30 - Comparative Adjectives

"greater"

		masc./fem.	neut.
sg.	n.	μείζων	μεῖζον
	g.	μείζονος	μείζονος
	d.	μείζονι	μείζονι
	a.	μείζονα	μεῖζον
pl.	n.	μείζονες	μείζονα
	g.	μειζόνων	μειζόνων
	d.	μείζοσι [ν]	μείζοσι [ν]
	a.	μείζονας	μείζονα

"greater" (ALTERNATE FORMS)

		masc./fem.	neut.
sg.	n.		
	g.		
	d.		
	a.	μείζω	
pl.	n.	μείζους	μείζω
	g.		
	d.		
	a.	μείζους	μείζω

Machen 30 - Comparative Adjectives

"greater"

		masc./fem.	neut.
sg.	n.		
	g.		
	d.		
	a.		
pl.	n.		
	g.		
	d.		
	a.		

"greater"

		masc./fem.	neut.
sg.	n.		
	g.		
	d.		
	a.		
pl.	n.		
	g.		
	d.		
	a.		

Machen 31 - Conjugation of δίδωμι - "I give"

Pres. Act. Indic.

sg.	1	δίδωμι
	2	δίδως
	3	δίδωσι [ν]
pl.	1	δίδομεν
	2	δίδοτε
	3	διδόασι [ν]

Imperf. Act. Indic.

sg.	1	ἐδίδουν
	2	ἐδίδους
	3	ἐδίδου
pl.	1	ἐδίδομεν
	2	ἐδίδοτε
	3	ἐδίδοσαν

Pres. Act. Subj.

sg.	1	διδῶ
	2	διδῷς
	3	διδῷ
pl.	1	διδῶμεν
	2	διδῶτε
	3	διδῶσι [ν]

Pres. Act. Imper.

sg.	2	δίδου
	3	διδότω
pl.	2	δίδοτε
	3	διδότωσαν

Pres. Act. Infin.

διδόναι

Pres. Act. Part.

		masc.	fem.	neut.
sg.	n.	διδούς	διδοῦσα	διδόν
	g.	διδόντος	διδούσης	διδόντος
	d.	διδόντι	διδούσῃ	διδόντι
	a.	διδόντα	διδοῦσαν	διδόν
pl.	n.	διδόντες	διδοῦσαι	διδόντα
	g.	διδόντων	διδουσῶν	διδόντων
	d.	διδοῦσι [ν]	διδούσαις	διδοῦσι [ν]
	a.	διδόντας	διδούσας	διδόντα

Machen 31 - Conjugation of $\mu\iota$ Verbs

Pres. Act. Indic.

sg.	1	
	2	
	3	
pl.	1	
	2	
	3	

Imperf. Act. Indic.

sg.	1	
	2	
	3	
pl.	1	
	2	
	3	

Pres. Act. Subj.

sg.	1	
	2	
	3	
pl.	1	
	2	
	3	

Pres. Act. Imper.

sg.	2	
	3	
pl.	2	
	3	

Pres. Act. Infin.

Pres. Act. Part.

		masc.	fem.	neut.
sg.	n.			
	g.			
	d.			
	a.			
pl.	n.			
	g.			
	d.			
	a.			

Machen 31 - Conjugation of δίδωμι – "I give"

1-Aor. Act. Indic.

sg.	1	ἔδωκα
	2	ἔδωκας
	3	ἔδωκε [ν]
pl.	1	ἐδώκαμεν
	2	ἐδώκατε
	3	ἔδωκαν

2-Aor. Act. Subj.

sg.	1	δῶ
	2	δῷς
	3	δῷ
pl.	1	δῶμεν
	2	δῶτε
	3	δῶσι [ν]

2-Aor. Act. Imper.

sg.	2	δός
	3	δότω
pl.	2	δότε
	3	δότωσαν

2-Aor. Act. Infin.

δοῦναι

2-Aor. Act. Part.

		masc.	fem.	neut.
sg.	n.	δούς	δοῦσα	δόν
	g.	δόντος	δούσης	δόντος
	d.	δόντι	δούσῃ	δόντι
	a.	δόντα	δοῦσαν	δόν
pl.	n.	δόντες	δοῦσαι	δόντα
	g.	δόντων	δουσῶν	δόντων
	d.	δοῦσι [ν]	δούσαις	δοῦσι [ν]
	a.	δόντας	δούσας	δόντα

Machen 31 - Conjugation of μι Verbs

1-Aor. Act. Indic.

sg.	1	
	2	
	3	
pl.	1	
	2	
	3	

2-Aor. Act. Subj.

sg.	1	
	2	
	3	
pl.	1	
	2	
	3	

2-Aor. Act. Imper.

sg.	2	
	3	
pl.	2	
	3	

2-Aor. Act. Infin.

2-Aor. Act. Part.

		masc.	fem.	neut.
sg.	n.			
	g.			
	d.			
	a.			
pl.	n.			
	g.			
	d.			
	a.			

Machen 32 - Conjugation of τίθημι – "I place/put"

Pres. Act. Indic.

sg.	1	τίθημι
	2	τίθης
	3	τίθησι [ν]
pl.	1	τίθεμεν
	2	τίθετε
	3	τιθέασι [ν]

Imperf. Act. Indic.

sg.	1	ἐτίθην
	2	ἐτίθεις
	3	ἐτίθει
pl.	1	ἐτίθεμεν
	2	ἐτίθετε
	3	ἐτίθεσαν

Pres. Act. Subj.

sg.	1	τιθῶ
	2	τιθῇς
	3	τιθῇ
pl.	1	τιθῶμεν
	2	τιθῆτε
	3	τιθῶσι [ν]

Pres. Act. Imper.

sg.	2	τίθει
	3	τιθέτω
pl.	2	τίθετε
	3	τιθέτωσαν

Pres. Act. Infin.

τιθέναι

Pres. Act. Part.

		masc.	fem.	neut.
sg.	n.	τιθείς	τιθεῖσα	τιθέν
	g.	τιθέντος	τιθείσης	τιθέντος
	d.	τιθέντι	τιθείσῃ	τιθέντι
	a.	τιθέντα	τιθεῖσαν	τιθέν
pl.	n.	τιθέντες	τιθεῖσαι	τιθέντα
	g.	τιθέντων	τιθεισῶν	τιθέντων
	d.	τιθεῖσι [ν]	τιθείσαις	τιθεῖσι [ν]
	a.	τιθέντας	τιθείσας	τιθέντα

Machen 32 - Conjugation of τίθημι – "I place/put"

Pres. Act. Indic.

sg.	1	
	2	
	3	
pl.	1	
	2	
	3	

Imperf. Act. Indic.

sg.	1	
	2	
	3	
pl.	1	
	2	
	3	

Pres. Act. Subj.

sg.	1	
	2	
	3	
pl.	1	
	2	
	3	

Pres. Act. Imper.

sg.	2	
	3	
pl.	2	
	3	

Pres. Act. Infin.

Pres. Act. Part.

		masc.	fem.	neut.
sg.	n.			
	g.			
	d.			
	a.			
pl.	n.			
	g.			
	d.			
	a.			

Machen 32 - Conjugation of τίθημι – "I place/put"

1-Aor. Act. Indic.

sg.	1	ἔθηκα
	2	ἔθηκας
	3	ἔθηκε [ν]
pl.	1	ἐθήκαμεν
	2	ἐθήκατε
	3	ἔθηκαν

2-Aor. Act. Subj.

sg.	1	θῶ
	2	θῇς
	3	θῇ
pl.	1	θῶμεν
	2	θῆτε
	3	θῶσι [ν]

2-Aor. Act. Imper.

sg.	2	θές
	3	θέτω
pl.	2	θέτε
	3	θέτωσαν

2-Aor. Act. Infin.

θεῖναι

2-Aor. Act. Part.

		masc.	fem.	neut.
sg.	n.	θείς	θεῖσα	θέν
	g.	θέντος	θείσης	θέντος
	d.	θέντι	θείσῃ	θέντι
	a.	θέντα	θεῖσαν	θέν
pl.	n.	θέντες	θεῖσαι	θέντα
	g.	θέντων	θεισῶν	θέντων
	d.	θεῖσι [ν]	θείσαις	θεῖσι [ν]
	a.	θέντας	θείσας	θέντα

Machen 32 - Conjugation of τίθημι – "I place/put"

1-Aor. Act. Indic.

sg.	1	
	2	
	3	
pl.	1	
	2	
	3	

2-Aor. Act. Subj.

sg.	1	
	2	
	3	
pl.	1	
	2	
	3	

2-Aor. Act. Imper.

sg.	2	
	3	
pl.	2	
	3	

2-Aor. Act. Infin.

2-Aor. Act. Part.

		masc.	fem.	neut.
sg.	n.			
	g.			
	d.			
	a.			
pl.	n.			
	g.			
	d.			
	a.			

Machen 32 - Conjugation of ἀφίημι - "I let go, leave, permit, forgive"

(Irregular for reference, need not memorize)

Pres. Act. Indic.

sg.	1	ἀφίημι
	2	ἀφεῖς
	3	ἀφίησι
pl.	1	ἀφίεμεν or ἀφίομεν
	2	ἀφίετε
	3	ἀφίουσι[ν] or ἀφιέασι[ν]

Imperf. Act. Indic.

sg.	1	ἤφιον
	2	ἤφιες
	3	ἤφιε
pl.	1	ἠφίομεν
	2	ἠφίετε
	3	ἤφιον

Pres. Act. Subj.

sg.	1	ἀφιῶ
	2	ἀφιῇς
	3	ἀφιῇ
pl.	1	ἀφιῶμεν
	2	ἀφιῆτε
	3	ἀφιῶσι

Pres. Act. Imper.

sg.	2	ἀφίει
	3	ἀφιέτω
pl.	2	ἀφίετε
	3	ἀφιέτωσαν

Pres. Act. Infin.

ἀφιέναι

Pres. Act. Part.

		masc.	fem.	neut.
sg.	n.	ἀφιείς	ἀφιεῖσα	ἀφιέν
	g.	ἀφιέντος	ἀφιείσης	ἀφιέντος
	d.	ἀφιέντι	ἀφιείσῃ	ἀφιέντι
	a.	ἀφιέντα	ἀφιεῖσαν	ἀφιέν
pl.	n.	ἀφιέντες	ἀφιεῖσαι	ἀφιέντα
	g.	ἀφιέντων	ἀφιεισῶν	ἀφιέντων
	d.	ἀφιεῖσι [ν]	ἀφιείσαις	ἀφιεῖσι [ν]
	a.	ἀφιέντας	ἀφιείσας	ἀφιέντα

Machen 32 - Conjugation of ἀφίημι - "I let go, leave, permit, forgive"

Pres. Act. Indic.

sg.	1	
	2	
	3	
pl.	1	
	2	
	3	

Imperf. Act. Indic.

sg.	1	
	2	
	3	
pl.	1	
	2	
	3	

Pres. Act. Subj.

sg.	1	
	2	
	3	
pl.	1	
	2	
	3	

Pres. Act. Imper.

sg.	2	
	3	
pl.	2	
	3	

Pres. Act. Infin.

Pres. Act. Part.

		masc.	fem.	neut.
sg.	n.			
	g.			
	d.			
	a.			
pl.	n.			
	g.			
	d.			
	a.			

Machen 32 - Conjugation of ἀφίημι - "I let go, leave, permit, forgive"

(Irregular for reference, need not memorize)

1-Aor. Act. Indic.

sg.	1	ἀφῆκα
	2	ἀφῆκας
	3	ἀφῆκε
pl.	1	ἀφήκαμεν
	2	ἀφήκατε
	3	ἀφῆκαν

2-Aor. Act. Subj.

sg.	1	ἀφῶ
	2	ἀφῇς
	3	ἀφῇ
pl.	1	ἀφῶμεν
	2	ἀφῆτε
	3	ἀφῶσι [ν]

2-Aor. Act. Imper.

sg.	2	ἄφες
	3	ἀφέτω
pl.	2	ἄφετε
	3	ἀφέτωσαν

2-Aor. Act. Infin.

ἀφεῖναι

2-Aor. Act. Part.

		masc.	fem.	neut.
sg.	n.	ἀφείς	ἀφεῖσα	ἀφέν
	g.	ἀφέντος	ἀφείσης	ἀφέντος
	d.	ἀφέντι	ἀφείσῃ	ἀφέντι
	a.	ἀφέντα	ἀφεῖσαν	ἀφέν
pl.	n.	ἀφέντες	ἀφεῖσαι	ἀφέντα
	g.	ἀφέντων	ἀφεισῶν	ἀφέντων
	d.	ἀφεῖσι [ν]	ἀφείσαις	ἀφεῖσι [ν]
	a.	ἀφέντας	ἀφείσας	ἀφέντα

Machen 32 - Conjugation of ἀφίημι - "I let go, leave, permit, forgive"

1-Aor. Act. Indic.

sg.	1	
	2	
	3	
pl.	1	
	2	
	3	

2-Aor. Act. Subj.

sg.	1	
	2	
	3	
pl.	1	
	2	
	3	

2-Aor. Act. Imper.

sg.	2	
	3	
pl.	2	
	3	

2-Aor. Act. Infin.

2-Aor. Act. Part.

		masc.	fem.	neut.
sg.	n.			
	g.			
	d.			
	a.			
pl.	n.			
	g.			
	d.			
	a.			

Machen 33 - Conjugation of ἵστημι – "I cause to stand"

Pres. Act. Indic.

sg.	1	ἵστημι
	2	ἵστης
	3	ἵστησι [ν]
pl.	1	ἵσταμεν
	2	ἵστατε
	3	ἱστᾶσι [ν]

Imperf. Act. Indic.

sg.	1	ἵστην
	2	ἵστης
	3	ἵστη
pl.	1	ἵσταμεν
	2	ἵστατε
	3	ἵστασαν

Pres. Act. Subj.

sg.	1	ἱστῶ
	2	ἱστῇς
	3	ἱστῇ
pl.	1	ἱστῶμεν
	2	ἱστῆτε
	3	ἱστῶσι [ν]

Pres. Act. Imper.

sg.	2	ἵστη
	3	ἱστάτω
pl.	2	ἵστατε
	3	ἱστάτωσαν

Pres. Act. Infin.

ἱστάναι

Pres. Act. Part.

		masc.	fem.	neut.
sg.	n.	ἱστάς	ἱστᾶσα	ἱστάν
	g.	ἱστάντος	ἱστάσης	ἱστάντος
	d.	ἱστάντι	ἱστάσῃ	ἱστάντι
	a.	ἱστάντα	ἱστᾶσαν	ἱστάν
pl.	n.	ἱστάντες	ἱστᾶσαι	ἱστάντα
	g.	ἱστάντων	ἱστασῶν	ἱστάντων
	d.	ἱστᾶσι [ν]	ἱστάσαις	ἱστᾶσι [ν]
	a.	ἱστάντας	ἱστάσας	ἱστάντα

Machen 33 - Conjugation of ἵστημι – "I cause to stand"

Pres. Act. Indic.

sg.	1	
	2	
	3	
pl.	1	
	2	
	3	

Imperf. Act. Indic.

sg.	1	
	2	
	3	
pl.	1	
	2	
	3	

Pres. Act. Subj.

sg.	1	
	2	
	3	
pl.	1	
	2	
	3	

Pres. Act. Imper.

sg.	2	
	3	
pl.	2	
	3	

Pres. Act. Infin.

Pres. Act. Part.

		masc.	fem.	neut.
sg.	n.			
	g.			
	d.			
	a.			
pl.	n.			
	g.			
	d.			
	a.			

Machen 33 - Conjugation of ἵστημι–"I cause to stand'

2-Aor. Act. Indic.

sg.	1	ἔστην
	2	ἔστης
	3	ἔστη
pl.	1	ἔστημεν
	2	ἔστητε
	3	ἔστησαν

2-Aor. Act. Subj.

sg.		στῶ
	2	στῇς
	3	στῇ
pl.	1	στῶμεν
	2	στῆτε
	3	στῶσι [ν]

2-Aor. Act. Imper.

sg.	2	στῆθι
	3	στήτω
pl.	2	στῆτε
	3	στήτωσαν

2-Aor. Act. Infin.

στῆναι

2-Aor. Act. Part.

		masc.	fem.	neut.
sg.	n.	στάς	στᾶσα	στάν
	g.	στάντος	στάσης	στάντος
	d.	στάντι	στάσῃ	στάντι
	a.	στάντα	στᾶσαν	στάν
pl.	n.	στάντες	στᾶσαι	στάντα
	g.	στάντων	στασῶν	στάντων
	d.	στᾶσι [ν]	στάσαις	στᾶσι [ν]
	a.	στάντας	στάσας	στάντα

Machen 33 - Conjugation of ἵστημι–"I cause to stand'

2-Aor. Act. Indic.

sg.	1	
	2	
	3	
pl.	1	
	2	
	3	

2-Aor. Act. Subj.

sg.	1	
	2	
	3	
pl.	1	
	2	
	3	

2-Aor. Act. Imper.

sg.	2	
	3	
pl.	2	
	3	

2-Aor. Act. Infin.

2-Aor. Act. Part.

		masc.	fem.	neut.
sg.	n.			
	g.			
	d.			
	a.			
pl.	n.			
	g.			
	d.			
	a.			

Principal Parts of Regular Verbs in Machen 1-33

	English	Pres. Act. or Mid.	Fut. Act. or Mid.	Aor. Act. or Mid.	Perf. Act.	Perf. Mid. or Pass.	Aor. Pass.
1	I love	ἀγαπάω	ἀγαπήσω	ἠγάπησα	ἠγάπηκα	ἠγάπημαι	ἠγαπήθην
2	sanctify	ἁγιάζω	[ἁγιάσω]	ἡγίασα	[ἡγίακα]	ἡγίασμαι	ἡγιάσθην
3	ask	αἰτέω	αἰτήσω	ᾔτησα	ᾔτηκα	[ᾔτημαι]	ᾐτήθην
4	follow	ἀκολουθέω	ἀκολουθήσω	ἠκολούθησα	ἠκολούθηκα		
5	rule	ἄρχω	ἄρξω	ἦρξα			
6	baptize	βαπτίζω	βαπτίσω	ἐβάπτισα	[βεβάπτικα]	βεβάπτισμαι	ἐβαπτίσθην
7	beget	γεννάω	γεννήσω	ἐγέννησα	γεγέννηκα	γεγέννημαι	ἐγεννήθην
8	write	γράφω	γράψω	ἔγραψα	γέγραφα	γέγραμμαι	ἐγράφην
9	receive	δέχομαι	δέξομαι	ἐδεξάμην		δέδεγμαι	ἐδέχθην
10	show	δηλόω	δηλώσω	ἐδήλωσα	[δεδήλωκα]	[δεδήλωμαι]	ἐδηλώθην
11	persecute	διώκω	διώξω	ἐδίωξα	δεδίωκα	δεδίωγμαι	ἐδιώχθην
12	glorify	δοξάζω	δοξάσω	ἐδόξασα	[δεδόξακα]	δεδόξασμαι	ἐδοξάσθην
13	have mercy	ἐλεέω	ἐλεήσω	ἠλέησα	[ἠλέηκα]	ἠλέημαι	ἠλεήθην
14	ask, question	ἐρωτάω	ἐρωτήσω	ἠρώτησα	[ἠρώτηκα]	[ἠρώτημαι]	ἠρωτήθην
15	prepare	ἑτοιμάζω	ἑτοιμάσω	ἡτοίμασα	ἡτοίμακα	ἡτοίμασμαι	ἡτοιμάσθην
16	proclaim gospel	εὐαγγελίζομαι	[εὐαγγελίσομαι]	εὐηγγελισάμην	εὐηγγέλικα	εὐηγγέλισμαι	εὐηγγελίσθην
17	bless	εὐλογέω	εὐλογήσω	εὐλόγησα	εὐλόγηκα	εὐλόγημαι	εὐλογήθην
18	give thanks	εὐχαριστέω	εὐχαριστήσω	εὐχαρίστησα	[εὐχαρίστηκα]	[εὐχαρίστημαι]	εὐχαριστήθην
19	seek	ζητέω	ζητήσω	ἐζήτησα			
20	wonder	θαυμάζω	θαυμάσομαι	ἐθαύμασα	τεθαύμακα		ἐθαυμάσθην
21	heal	θεραπεύω	θεραπεύσω	ἐθεράπευσα	[τεθεράπευκα]	τεθεράπευμαι	ἐθεραπεύθην
22	behold	θεωρέω	θεωρήσω	ἐθεώρησα			
23	sit	κάθημαι	καθήσομαι				
24	command	κελεύω	[κελεύσω]	ἐκέλευσα			
25	break	κλάω		ἔκλασα			
26	speak	λαλέω	λαλήσω	ἐλάλησα	λελάληκα	λελάλημαι	ἐλαλήθην
27	loose	λύω	λύσω	ἔλυσα	λέλυκα	λέλυμαι	ἐλύθην
28	witness	μαρτυρέω	μαρτυρήσω	ἐμαρτύρησα	μεμαρτύρηκα	μεμαρτύρημαι	ἐμαρτυρήθην

29	repent	μετανοέω	μετανοήσω	μετενόησα			
30	owe, ought	ὀφείλω					
31	tempt	πειράζω		ἐπείρασα		πεπείρασμαι	ἐπειράσθην
32	walk	περιπατέω	περιπατήσω	περιεπάτησα	περιπεπάτηκα		
33	believe	πιστεύω	πιστεύσω	ἐπίστευσα	πεπίστευκα	πεπίστευμαι	ἐπιστεύθην
34	fulfill	πληρόω	πληρώσω	ἐπλήρωσα	πεπλήρωκα	πεπλήρωμαι	ἐπληρώθην
35	do, make	ποιέω	ποιήσω	ἐποίησα	πεποίηκα	πεποίημαι	ἐποιήθην
36	go	πορεύομαι	πορεύσομαι	ἐπορευσάμην		πεπόρευμαι	ἐπορεύθην
37	pray	προσεύχομαι	προσεύξομαι	προσηυξάμην			
38	worship	προσκυνέω	προσκυνησω	προσεκύνησα			
39	crucify	σταυρόω	σταυρώσω	ἐσταύρωσα	[ἐσταύρωκα]	ἐσταύρωμαι	ἐσταυρώθην
40	save	σώζω	σώσω	ἔσωσα	σέσωκα	σέσω[σ]μαι	ἐσώθην
41	keep	τηρέω	τηρήσω	ἐτήρησα	τετήρηκα	τετήρημαι	ἐτηρήθην
42	honor	τιμάω	τιμήσω	ἐτίμησα	[τετίμηκα]	τετίμημαι	[ἐτιμήθην]
43	make manifest	φανερόω	φανερώσω	ἐφανέρωσα	[πεφανέρωκα]	πεφανέρωμαι	ἐφανερώθην
44	love	φιλέω	[φιλήσω]	ἐφίλησα	πεφίληκα	[πεφίλημαι]	[ἐφιλήθην]
45	am afraid	φοβέομαι					ἐφοβήθην

Principal Parts of Irregular Verbs in Machen 1-33

46	I lead	ἄγω	ἄξω	ἤγαγον	[ἦχα]	ἦγμαι	ἤχθην
47	take away	αἴρω	ἀρῶ	ἦρα	ἦρκα	ἦρμαι	ἤρθην
48	hear	ἀκούω	ἀκούσω	ἤκουσα	ἀκήκοα	[ἤκουσμαι]	ἠκούσθην
49	sin	ἁμαρτάνω	ἁμαρτήσω	ἡμάρτησα /–τον	ἡμάρτηκα	[ἡμάρτημαι]	[ἡμαρτήθην]
50	open	ἀνοίγω	ἀνοίξω	ἤνοιξα		ἤνοιγμαι	ἠνοίχθην
				ἀνέῳξα	ἀνέῳγα	ἀνέῳγμαι	ἀνεῴχθην
51	die	ἀποθνήσκω	ἀποθανοῦμαι	ἀπέθανον			
52	answer	ἀποκρίνομαι		ἀπεκρινάμην			ἀπεκρίθην
53	kill	ἀποκτείνω	ἀποκτενῶ	ἀπέκτεινα			ἀπεκτάνθην
54	destroy	ἀπόλλυμι	ἀπολέσω	ἀπώλεσα	ἀπόλωλα		
		ἀπολλύω	ἀπολῶ	ἀπωλόμην			
55	send	ἀποστέλλω	ἀποστελῶ	ἀπέστειλα	ἀπέσταλκα	ἀπέσταλμαι	ἀπεστάλην
56	let go	ἀφίημι	ἀφήσω	ἀφῆκα	ἀφεῖκα	ἀφεῖμαι	[ἀφείθην]
57	go	βαίνω	βήσομαι	ἔβην	βέβηκα		
58	throw	βάλλω	βαλῶ	ἔβαλον	βέβληκα	βέβλημαι	ἐβλήθην
59	see	βλέπω	βλέψω	ἔβλεψα			ὤφθην
60	become	γίνομαι	γενήσομαι	ἐγενόμην	γέγονα	γεγένημαι	ἐγενήθην
61	know	γινώσκω	γνώσομαι	ἔγνων	ἔγνωκα	ἔγνωσμαι	ἐγνώσθην
62	show	δείκνυμι /–υω	δείξω	ἔδειξα	[δέδειχα]	δέδειγμαι	ἐδείχθην
63	teach	διδάσκω	διδάξω	ἐδίδαξα	[δεδίδαχα]	[δεδίδαγμαι]	ἐδιδάχθην
64	give	δίδωμι	δώσω	ἔδωκα	δέδωκα	δέδομαι	ἐδόθην
65	seem	δοκέω	[δόξω]	ἔδοξα			
66	am able	δύναμαι	δυνήσομαι			[δεδύνημαι]	ἠδυνήθην
67	come near	ἐγγίζω	ἐγγιῶ /–ισω	ἤγγισα	ἤγγικα		
68	raise up	ἐγείρω	ἐγερῶ	ἤγειρα		ἐγήγερμαι	ἠγέρθην
69	am	εἰμί	ἔσομαι	ἤμην **(imperfect)**			
70	turn	ἐπιστρέφω	ἐπιστρέψω	ἐπέστρεψα	[ἐπέστροφα]	ἐπέστραμμαι	ἐπεστράφην
71	come, go	ἔρχομαι	ἐλεύσομαι	ἦλθον	ἐλήλυθα		
72	eat	ἐσθίω	φάγομαι	ἔφαγον			
73	have	ἔχω	ἕξω	ἔσχον	ἔσχηκα		

74	dind	εὑρίσκω	εὑρήσω	εὗρον	εὕρηκα	[εὕρημαι]	εὑρέθην
75	live	ζάω	ζήσω –σομαι	ἔζησα			
76	wish	θέλω	θελήσω	ἠθέλησα			
77	die	[θνῄσκω]			τέθνηκα		
78	cause to stand	Ἵστημι	στήσω	ἔστησα /–ην	ἕστηκα	ἕσταμαι	ἐστάθην
79	call	καλέω	καλέσω	ἐκάλεσα	κέκληκα	κέκλημαι	ἐκλήθην
80	proclaim	κηρύσσω	κηρύξω	ἐκήρυξα	[κεκήρυχα]	[κεκήρυγμαι]	ἐκηρύχθην
81	judge	κρίνω	κρινῶ	ἔκρινα	κέκρικα	κέκριμαι	ἐκρίθην
82	take, receive	λαμβάνω	λήμψομαι	ἔλαβον	εἴληφα	εἴλημμαι	ἐλήμφθην
83	say	λέγω	ἐρῶ	εἶπον	εἴρηκα	εἴρημαι	ἐρρέθην
84	leave	λείπω	λείψω	ἔλιπον	λέλοιπα	λέλειμμαι	ἐλείφθην
85	am about to	μέλλω	μελλήσω				
86	remain	μένω	μενῶ	ἔμεινα	μεμένηκα		
87	see	ὁράω	ὄψομαι	εἶδον	ἑώρακα	[ὦμμαι]	ὤφθην
88	suffer	πάσχω	[πείσομαι]	ἔπαθον	πέπονθα		
89	persuade	πείθω	πείσω	ἔπεισα	πέποιθα	πέπεισμαι	ἐπείσθην
90	send	πέμπω	πέμψω	ἔπεμψα	[πέπομφα]	[πέπεμμαι]	ἐπέμφθην
91	drink	πίνω	πίομαι	ἔπιον	πέπωκα	[πέπομαι]	ἐπόθην
92	fall	πίπτω	πεσοῦμαι	ἔπεσα /–σον	πέπτωκα		
93	sow	σπείρω	σπερῶ	ἔσπειρα	ἔσπορα	ἔσπαρμαι	ἐσπάρην
94	put, place	τίθημι	θήσω	ἔθηκα	τέθεικα	τέθειμαι	ἐτέθην
95	carry, bear	φέρω	οἴσω	ἤνεγκα	ἐνήνοχα	[ἐνήνεγμαι]	ἠνέχθην
96	rejoice	χαίρω	χαρήσομαι				ἐχάρην

USES OF THE SUBJUNCTIVE IN MACHEN

1. Hortatory (M-285)

2. Purpose Clause (M-286 and also M-476)

3. Future Condition (M-288)

4. Deliberative Questions (M-394)

5. Conditional Relative Clauses (M-400)

6. Prohibition (M-422)

7. μή used as a Conjunction with Subjunctive (M-475)
        (with words denoting fear)

8. μήποτε with Subjunctive (M-455)

9. Various Uses (M-477)

10. ἕως ἄν with Subjunctive (M-536)

Appendix: A Comprehensive Review of Conjugations & Declensions

Reviewing Greek Conjugations

The recommended way to review verb conjugations is to go through each **tense** (*present* through *pluperfect*) giving each **mood** (*indicative* through *participle*) in all **voices** (*active, middle*, and *passive*) and all **persons** and **numbers**. Thus you should think of *present active indicative* in all persons and numbers, *present middle indicative*, through to *pluperfect passive indicative* of the regular verb. Then, add the contract verbs and the liquid verbs. Finally, add the mi-verbs in the same way. With enough review you will have the complete Greek verb in mind and be able to parse and translate accurately.

Structure

Present:

Indicative	Active	Middle	Passive
Subjunctive			
Imperative			
Infinitive			
Participle			

Tense (repeated for all tenses)

expressed in *all* **Voices**

and

all **Moods**

and

all **persons** and **numbers**

NOTE
For the Present System following Machen I have put the Middle and Passive forms in two columns to emphasize that they are two voices though the same form in Greek. However, when reviewing or writing these you need not duplicate, but label Mid/Pas.

Principal Parts of the Model Verbs

1st	2nd	3rd	4th	5th	6th
Present/Imperfect (Act, Mid, Pass)	Future (Act & Mid)	Aorist (Act & Mid)	Perfect (Act) Pluperfect (Act)	Perfect (Mid & Pass)	Aorist & Future (Passive)
λύω	λύσω	ἔλυσα	λέλυκα	λέλυμαι	ἐλύθην
λείπω	λείψω	ἔλιπον	λέλοιπα	λέλειμμαι	ἐλείφθην
γράφω	γράψω	ἔγραψα	γέγραφα	γέγραμμαι	ἐγράφην
τιμάω	τιμήσω	ἐτίμησα		τετίμημαι	
φιλέω	φιλήσω	ἐφίλησα	πεφίληκα		
δηλόω	δηλώσω	ἐδήλωσα			ἐδηλώθην
κρίνω	κρινῶ	ἔκρινα	κέκρικα	κέκριμαι	ἐκρίθην
φαίνω		ἐφάνα			ἐφάνην
δίδωμι	δώσω	ἔδωκα	δέδωκα	δέδομαι	ἐδόθην
τίθημι	θήσω	ἔθηκα	τέθεικα	τέθειμαι	ἐτέθην
ἵστημι	στήσω	ἔστησα ἔστην	ἕστηκα	ἕσταμαι	ἐστάθην

VERB REVIEW   Tense (Pres,Impf,Fut,Aor,Perf,Plpf--circle one)

Act. Ind.

sg.	1	
	2	
	3	
pl.	1	
	2	
	3	

Mid. Ind.

sg.	1	
	2	
	3	
pl.	1	
	2	
	3	

Pass. Ind.

sg.	1	
	2	
	3	
pl.	1	
	2	
	3	

Act. Subj.

sg.	1	
	2	
	3	
pl.	1	
	2	
	3	

Mid. Subj.

sg.	1	
	2	
	3	
pl.	1	
	2	
	3	

Pass. Subj.

sg.	1	
	2	
	3	
pl.	1	
	2	
	3	

Act. Imp.

sg.	2	
	3	
pl.	2	
	3	

Mid. Imp.

sg.	2	
	3	
pl.	2	
	3	

Pass. Imp.

sg.	2	
	3	
pl.	2	
	3	

Act. Inf.

Mid. Inf.

Pass. Inf.

Verb Review

Act. Part.

		masc.	fem.	neut.
sg.	n.			
	g.			
	d.			
	a.			
pl.	n.			
	g.			
	d.			
	a.			

Mid. Part.

		masc.	fem.	neut.
sg.	n.			
	g.			
	d.			
	a.			
pl.	n.			
	g.			
	d.			
	a.			

Pass. Part.

		masc.	fem.	neut.
sg.	n.			
	g.			
	d.			
	a.			
pl.	n.			
	g.			
	d.			
	a.			

Present Tense - Regular Verbs

Pres. Act. Ind.

sg.	1	λύω
	2	λύεις
	3	λύει
pl.	1	λύομεν
	2	λύετε
	3	λύουσι [ν]

Pres. Mid. Ind.

sg.	1	λύομαι
	2	λύῃ
	3	λύεται
pl.	1	λυόμεθα
	2	λύεσθε
	3	λύονται

Pres. Pass. Ind.

sg.	1	λύομαι
	2	λύῃ
	3	λύεται
pl.	1	λυόμεθα
	2	λύεσθε
	3	λύονται

Pres. Act. Subj.

sg.	1	λύω
	2	λύῃς
	3	λύῃ
pl.	1	λύωμεν
	2	λύητε
	3	λύωσι [ν]

Pres. Mid. Subj.

sg.	1	λύωμαι
	2	λύῃ
	3	λύηται
pl.	1	λυώμεθα
	2	λύησθε
	3	λύωνται

Pres. Pass. Subj.

sg.	1	λύωμαι
	2	λύῃ
	3	λύηται
pl.	1	λυώμεθα
	2	λύησθε
	3	λύωνται

Pres. Act. Imp.

sg.	2	λύε
	3	λυέτω
pl.	2	λύετε
	3	λυέτωσαν

Pres. Mid. Imp.

sg.	2	λύου
	3	λυέσθω
pl.	2	λύεσθε
	3	λυέσθωσαν

Pres. Pass. Imp.

sg.	2	λύου
	3	λυέσθω
pl.	2	λύεσθε
	3	λυέσθωσαν

Pres. Act. Inf.

λύειν

Pres. Mid. Inf.

λύεσθαι

Pres. Pass. Inf.

λύεσθαι

Present Tense - Regular Verbs

Pres. Act. Ind.

sg.	1	
	2	
	3	
pl.	1	
	2	
	3	

Pres. Mid. Ind.

sg.	1	
	2	
	3	
pl.	1	
	2	
	3	

Pres. Pass. Ind.

sg.	1	
	2	
	3	
pl.	1	
	2	
	3	

Pres. Act. Subj.

sg.	1	
	2	
	3	
pl.	1	
	2	
	3	

Pres. Mid. Subj.

sg.	1	
	2	
	3	
pl.	1	
	2	
	3	

Pres. Pass. Subj.

sg.	1	
	2	
	3	
pl.	1	
	2	
	3	

Pres. Act. Imp.

sg.	2	
	3	
pl.	2	
	3	

Pres. Mid. Imp.

sg.	2	
	3	
pl.	2	
	3	

Pres. Pass. Imp.

sg.	2	
	3	
pl.	2	
	3	

Pres. Act. Inf.

Pres. Mid. Inf.

Pres. Pass. Inf.

Pres. Act. Part.

		masc.	fem.	neut.
sg.	n.	λύων	λύουσα	λῦον
	g.	λύοντος	λυούσης	λύοντος
	d.	λύοντι	λυούσῃ	λύοντι
	a.	λύοντα	λύουσαν	λῦον
pl.	n.	λύοντες	λύουσαι	λύοντα
	g.	λυόντων	λυουσῶν	λυόντων
	d.	λύουσι [ν]	λυούσαις	λύουσι [ν]
	a.	λύοντας	λυούσας	λύοντα

Pres. Mid. Part.

		masc.	fem.	neut.
sg.	n.	λυόμενος	λυομένη	λυόμενον
	g.	λυομένου	λυομένης	λυομένου
	d.	λυομένῳ	λυομένῃ	λυομένῳ
	a.	λυόμενον	λυομένην	λυόμενον
pl.	n.	λυόμενοι	λυόμεναι	λυόμενα
	g.	λυομένων	λυομένων	λυομένων
	d.	λυομένοις	λυομέναις	λυομένοις
	a.	λυομένους	λυομένας	λυόμενα

Pres. Pass. Part.

		masc.	fem.	neut.
sg.	n.	λυόμενος	λυομένη	λυόμενον
	g.	λυομένου	λυομένης	λυομένου
	d.	λυομένῳ	λυομένῃ	λυομένῳ
	a.	λυόμενον	λυομένην	λυόμενον
pl.	n.	λυόμενοι	λυόμεναι	λυόμενα
	g.	λυομένων	λυομένων	λυομένων
	d.	λυομένοις	λυομέναις	λυομένοις
	a.	λυομένους	λυομένας	λυόμενα

Present Tense - Regular Verbs

Pres. Act. Part.

		masc.	fem.	neut.
sg.	n.			
	g.			
	d.			
	a.			
pl.	n.			
	g.			
	d.			
	a.			

Pres. Mid. Part.

		masc.	fem.	neut.
sg.	n.			
	g.			
	d.			
	a.			
pl.	n.			
	g.			
	d.			
	a.			

Pres. Pass. Part.

		masc.	fem.	neut.
sg.	n.			
	g.			
	d.			
	a.			
pl.	n.			
	g.			
	d.			
	a.			

Imperfect Tense - Regular Verbs

Impf. Act. Ind.

sg.	1	ἔλυον
	2	ἔλυες
	3	ἔλυε [ν]
pl.	1	ἐλύομεν
	2	ἐλύετε
	3	ἔλυον

Impf. Mid. Ind.

sg.	1	ἐλυόμην
	2	ἐλύου
	3	ἐλύετο
pl.	1	ἐλυόμεθα
	2	ἐλύεσθε
	3	ἐλύοντο

Impf. Pass. Ind.

sg.	1	ἐλυόμην
	2	ἐλύου
	3	ἐλύετο
pl.	1	ἐλυόμεθα
	2	ἐλύεσθε
	3	ἐλύοντο

Imperfect Tense - Regular Verbs

Impf. Act. Ind.

sg.	1	
	2	
	3	
pl.	1	
	2	
	3	

Impf. Mid. Ind.

sg.	1	
	2	
	3	
pl.	1	
	2	
	3	

Impf. Pass. Ind.

sg.	1	
	2	
	3	
pl.	1	
	2	
	3	

Future Tense - Regular Verbs

Fut. Act. Ind.

sg.	1	λύσω
	2	λύσεις
	3	λύσει
pl.	1	λύσομεν
	2	λύσετε
	3	λύσουσι [ν]

Fut. Mid. Ind.

sg.	1	λύσομαι
	2	λύσῃ
	3	λύσεται
pl.	1	λυσόμεθα
	2	λύσεσθε
	3	λύσονται

Fut. Pass. Ind.

sg.	1	λυθήσομαι
	2	λυθήσῃ
	3	λυθήσεται
pl.	1	λυθησόμεθα
	2	λυθήσεσθε
	3	λυθήσονται

2-Fut. Pass. Ind.

sg.	1	γραφήσομαι
	2	γραφήσῃ
	3	γραφήσεται
pl.	1	γραφησόμεθα
	2	γραφήσεσθε
	3	γραφήσονται

Future Tense - Regular Verbs

Fut. Act. Ind.

sg.	1	
	2	
	3	
pl.	1	
	2	
	3	

Fut. Mid. Ind.

sg.	1	
	2	
	3	
pl.	1	
	2	
	3	

Fut. Pass. Ind.

sg.	1	
	2	
	3	
pl.	1	
	2	
	3	

2-Fut. Pass. Ind.

sg.	1	
	2	
	3	
pl.	1	
	2	
	3	

1-Aorist Tense - Regular Verbs

1-Aor. Act. Ind.

sg.	1	ἔλυσα
	2	ἔλυσας
	3	ἔλυσε [ν]
pl.	1	ἐλύσαμεν
	2	ἐλύσατε
	3	ἔλυσαν

1-Aor. Mid. Ind.

sg.	1	ἐλυσάμην
	2	ἐλύσω
	3	ἐλύσατο
pl.	1	ἐλυσάμεθα
	2	ἐλύσασθε
	3	ἐλύσαντο

1-Aor. Pass. Ind.

sg.	1	ἐλύθην
	2	ἐλύθης
	3	ἐλύθη
pl.	1	ἐλύθημεν
	2	ἐλύθητε
	3	ἐλύθησαν

1-Aor. Act. Subj.

sg.	1	λύσω
	2	λύσῃς
	3	λύσῃ
pl.	1	λύσωμεν
	2	λύσητε
	3	λύσωσι [ν]

1-Aor. Mid. Subj.

sg.	1	λύσωμαι
	2	λύσῃ
	3	λύσηται
pl.	1	λυσώμεθα
	2	λύσησθε
	3	λύσωνται

1-Aor. Pass. Subj.

sg.	1	λυθῶ
	2	λυθῇς
	3	λυθῇ
pl.	1	λυθῶμεν
	2	λυθῆτε
	3	λυθῶσι [ν]

1-Aor. Act. Impv.

sg.	2	λῦσον
	3	λυσάτω
pl.	2	λύσατε
	3	λυσάτωσαν

1-Aor. Mid. Impv.

sg.	2	λῦσαι
	3	λυσάσθω
pl.	2	λύσασθε
	3	λυσάσθωσαν

1-Aor. Pass. Impv.

sg.	2	λύθητι
	3	λυθήτω
pl.	2	λύθητε
	3	λυθήτωσαν

1-Aor. Act. Inf.

λῦσαι

1-Aor. Mid. Inf.

λύσασθαι

1-Aor. Pass. Inf.

λυθῆναι

1-Aorist Tense - Regular Verbs

1-Aor. Act. Ind.

sg.	1	
	2	
	3	
pl.	1	
	2	
	3	

1-Aor. Mid. Ind.

sg.	1	
	2	
	3	
pl.	1	
	2	
	3	

1-Aor. Pass. Ind.

sg.	1	
	2	
	3	
pl.	1	
	2	
	3	

1-Aor. Act. Subj.

sg.	1	
	2	
	3	
pl.	1	
	2	
	3	

1-Aor. Mid. Subj.

sg.	1	
	2	
	3	
pl.	1	
	2	
	3	

1-Aor. Pass. Subj.

sg.	1	
	2	
	3	
pl.	1	
	2	
	3	

1-Aor. Act. Impv.

sg.	2	
	3	
pl.	2	
	3	

1-Aor. Mid. Impv.

sg.	2	
	3	
pl.	2	
	3	

1-Aor. Pass. Impv.

sg.	2	
	3	
pl.	2	
	3	

1-Aor. Act. Inf.

1-Aor. Mid. Inf.

1-Aor. Pass. Inf.

1-Aorist Tense - Regular Verbs

1-Aor. Act. Part.

		masc.	fem.	neut.
sg.	n.	λύσας	λύσασα	λῦσαν
	g.	λύσαντος	λυσάσης	λύσαντος
	d.	λύσαντι	λυσάσῃ	λύσαντι
	a.	λύσαντα	λύσασαν	λῦσαν
pl.	n.	λύσαντες	λύσασαι	λύσαντα
	g.	λυσάντων	λυσασῶν	λυσάντων
	d.	λύσασι [ν]	λυσάσαις	λύσασι [ν]
	a.	λύσαντας	λυσάσας	λύσαντα

1-Aor. Mid. Part.

		masc.	fem.	neut.
sg.	n.	λυσάμενος	λυσαμένη	λυσάμενον
	g.	λυσαμένου	λυσαμένης	λυσαμένου
	d.	λυσαμένῳ	λυσαμένῃ	λυσαμένῳ
	a.	λυσάμενον	λυσαμένην	λυσάμενον
pl.	n.	λυσάμενοι	λυσάμεναι	λυσάμενα
	g.	λυσαμένων	λυσαμένων	λυσαμένων
	d.	λυσαμένοις	λυσαμέναις	λυσαμένοις
	a.	λυσαμένους	λυσαμένας	λυσάμενα

1-Aor. Pass. Part.

		masc.	fem.	neut.
sg.	n.	λυθείς	λυθεῖσα	λυθέν
	g.	λυθέντος	λυθείσης	λυθέντος
	d.	λυθέντι	λυθείσῃ	λυθέντι
	a.	λυθέντα	λυθεῖσαν	λυθέν
pl.	n.	λυθέντες	λυθεῖσαι	λυθέντα
	g.	λυθέντων	λυθεισῶν	λυθέντων
	d.	λυθεῖσι [ν]	λυθείσαις	λυθεῖσι [ν]
	a.	λυθέντας	λυθείσας	λυθέντα

1-Aorist Tense - Regular Verbs

1-Aor. Act. Part.

		masc.	fem.	neut.
sg.	n.			
	g.			
	d.			
	a.			
pl.	n.			
	g.			
	d.			
	a.			

1-Aor. Mid. Part.

		masc.	fem.	neut.
sg.	n.			
	g.			
	d.			
	a.			
pl.	n.			
	g.			
	d.			
	a.			

1-Aor. Pass. Part.

		masc.	fem.	neut.
sg.	n.			
	g.			
	d.			
	a.			
pl.	n.			
	g.			
	d.			
	a.			

2-Aorist Tense - Regular Verbs

2-Aor. Act. Ind.

sg.	1	ἔλιπον
	2	ἔλιπες
	3	ἔλιπε [ν]
pl.	1	ἐλίπομεν
	2	ἐλίπετε
	3	ἔλιπον

2-Aor. Mid. Ind.

sg.	1	ἐλιπόμην
	2	ἐλίπου
	3	ἐλίπετο
pl.	1	ἐλιπόμεθα
	2	ἐλίπεσθε
	3	ἐλίποντο

2-Aor. Pass. Ind.

sg.	1	ἐγράφην
	2	ἐγράφης
	3	ἐγράφη
pl.	1	ἐγράφημεν
	2	ἐγράφητε
	3	ἐγράφησαν

2-Aor. Act. Subj.

sg.	1	λίπω
	2	λίπῃς
	3	λίπῃ
pl.	1	λίπωμεν
	2	λίπητε
	3	λίπωσι [ν]

2-Aor. Mid. Subj.

sg.	1	λίπωμαι
	2	λίπῃ
	3	λίπηται
pl.	1	λιπώμεθα
	2	λίπησθε
	3	λίπωνται

2-Aor. Pass. Subj.

sg.	1	γραφῶ
	2	γραφῇς
	3	γραφῇ
pl.	1	γραφῶμεν
	2	γραφῆτε
	3	γραφῶσι [ν]

2-Aor. Act. Impv.

sg.	2	λίπε
	3	λιπέτω
pl.	2	λίπετε
	3	λιπέτωσαν

2-Aor. Mid. Impv.

sg.	2	λιποῦ
	3	λιπέσθω
pl.	2	λίπεσθε
	3	λιπέσθωσαν

2-Aor. Pass. Impv.

sg.	2	γράφηθι
	3	γραφήτω
pl.	2	γράφητε
	3	γραφήτωσαν

2-Aor. Act. Inf.

λιπεῖν

2-Aor. Mid. Inf.

λιπέσθαι

2-Aor. Pass. Inf.

γραφῆναι

2-Aorist Tense - Regular Verbs

2-Aor. Act. Ind.

sg.	1	
	2	
	3	
pl.	1	
	2	
	3	

2-Aor. Mid. Ind.

sg.	1	
	2	
	3	
pl.	1	
	2	
	3	

2-Aor. Pass. Ind.

sg.	1	
	2	
	3	
pl.	1	
	2	
	3	

2-Aor. Act. Subj.

sg.	1	
	2	
	3	
pl.	1	
	2	
	3	

2-Aor. Mid. Subj.

sg.	1	
	2	
	3	
pl.	1	
	2	
	3	

2-Aor. Pass. Subj.

sg.	1	
	2	
	3	
pl.	1	
	2	
	3	

2-Aor. Act. Impv.

sg.	2	
	3	
pl.	2	
	3	

2-Aor. Mid. Impv.

sg.	2	
	3	
pl.	2	
	3	

2-Aor. Pass. Impv.

sg.	2	
	3	
pl.	2	
	3	

2-Aor. Act. Inf.

2-Aor. Mid. Inf.

2-Aor. Pass. Inf.

2-Aorist Tense - Regular Verbs

2-Aor. Act. Part.

		masc.	fem.	neut.
sg.	n.	λιπών	λιποῦσα	λιπόν
	g.	λιπόντος	λιπούσης	λιπόντος
	d.	λιπόντι	λιπούσῃ	λιπόντι
	a.	λιπόντα	λιποῦσαν	λιπόν
pl.	n.	λιπόντες	λιποῦσαι	λιπόντα
	g.	λιπόντων	λιπουσῶν	λιπόντων
	d.	λιποῦσι [ν]	λιπούσαις	λιποῦσι [ν]
	a.	λιπόντας	λιπούσας	λιπόντα

2-Aor. Mid. Part.

		masc.	fem.	neut.
sg.	n.	λιπόμενος	λιπομένη	λιπόμενον
	g.	λιπομένου	λιπομένης	λιπομένου
	d.	λιπομένῳ	λιπομένῃ	λιπομένῳ
	a.	λιπόμενον	λιπομένην	λιπόμενον
pl.	n.	λιπόμενοι	λιπόμεναι	λιπόμενα
	g.	λιπομένων	λιπομένων	λιπομένων
	d.	λιπομένοις	λιπομέναις	λιπομένοις
	a.	λιπομένους	λιπομένας	λιπόμενα

2-Aor. Pass. Part.

			fem.	neut.
sg.	n.	γραφείς	γραφεῖσα	γραφέν
	g.	γραφέντος	γραφείσης	γραφέντος
	d.	γραφέντι	γραφείσῃ	γραφέντι
	a.	γραφέντα	γραφεῖσαν	γραφέν
pl.	n.	γραφέντες	γραφεῖσαι	γραφέντα
	g.	γραφέντων	γραφεισῶν	γραφέντων
	d.	γραφεῖσι [ν]	γραφείσαις	γραφεῖσι [ν]
	a.	γραφέντας	γραφείσας	γραφέντα

2-Aorist Tense - Regular Verbs

2-Aor. Act. Part.

		masc.	fem.	neut.
sg.	n.			
	g.			
	d.			
	a.			
pl.	n.			
	g.			
	d.			
	a.			

2-Aor. Mid. Part.

		masc.	fem.	neut.
sg.	n.			
	g.			
	d.			
	a.			
pl.	n.			
	g.			
	d.			
	a.			

2-Aor. Pass. Part.

			fem.	neut.
sg.	n.			
	g.			
	d.			
	a.			
pl.	n.			
	g.			
	d.			
	a.			

Perfect Tense - Regular Verbs

Perf. Act. Ind.

sg.	1	λέλυκα
	2	λέλυκας
	3	λέλυκε [ν]
pl.	1	λελύκαμεν
	2	λελύκατε
	3	λελύκασι [or καν]

Perf. Mid. Ind.

sg.	1	λέλυμαι
	2	λέλυσαι
	3	λέλυται
pl.	1	λελύμεθα
	2	λέλυσθε
	3	λέλυνται

Perf. Pass. Ind.

sg.	1	λέλυμαι
	2	λέλυσαι
	3	λέλυται
pl.	1	λελύμεθα
	2	λέλυσθε
	3	λέλυνται

2-Perf. Act. Ind.

sg.	1	λέλοιπα
	2	λέλοιπας
	3	λέλοιπε [ν]
pl.	1	λελοίπαμεν
	2	λελοίπατε
	3	λελοίπασι [or αν]

Perf. Act. Inf.

λελυκέναι

Perf. Mid. Inf.

λελύσθαι

Perf. Pass. Inf.

λελύσθαι

Pluperfect Tense - Regular Verbs

Plpf. Act. Ind.

sg.	1	[ἐ] λελύκειν
	2	[ἐ] λελύκεις
	3	[ἐ] λελύκει
pl.	1	[ἐ] λελύκειμεν
	2	[ἐ] λελύκειτε
	3	[ἐ] λελύκεισαν

Plpf. Mid. Ind.

sg.	1	[ἐ] λελύμην
	2	[ἐ] λέλυσο
	3	[ἐ] λέλυτο
pl.	1	[ἐ] λελύμεθα
	2	[ἐ] λέλυσθε
	3	[ἐ] λέλυντο

Plpf. Pass. Ind.

sg.	1	[ἐ] λελύμην
	2	[ἐ] λέλυσο
	3	[ἐ] λέλυτο
pl.	1	[ἐ] λελύμεθα
	2	[ἐ] λέλυσθε
	3	[ἐ] λέλυντο

Perfect Tense - Regular Verbs

Perf. Act. Ind.

sg.	1	
	2	
	3	
pl.	1	
	2	
	3	

Perf. Mid. Ind.

sg.	1	
	2	
	3	
pl.	1	
	2	
	3	

Perf. Pass. Ind.

sg.	1	
	2	
	3	
pl.	1	
	2	
	3	

2-Perf. Act. Ind.

sg.	1	
	2	
	3	
pl.	1	
	2	
	3	

Perf. Act. Inf.

Perf. Mid. Inf.

Perf. Pass. Inf.

Pluperfect Tense - Regular Verbs

Plpf. Act. Ind.

sg.	1	
	2	
	3	
pl.	1	
	2	
	3	

Plpf. Mid. Ind.

sg.	1	
	2	
	3	
pl.	1	
	2	
	3	

Plpf. Pass. Ind.

sg.	1	
	2	
	3	
pl.	1	
	2	
	3	

Perfect Participles - Regular Verbs

Perf. Act. Part.

sg.	n.	λελυκώς	λελυκυῖα	λελυκός
	g.	λελυκότος	λελυκυίας	λελυκότος
	d.	λελυκότι	λελυκυίᾳ	λελυκότι
	a.	λελυκότα	λελυκυῖαν	λελυκός
pl.	n.	λελυκότες	λελυκυῖαι	λελυκότα
	g.	λελυκότων	λελυκυιῶν	λελυκότων
	d.	λελυκόσι [ν]	λελυκυίαις	λελυκόσι [ν]
	a.	λελυκότας	λελυκυίας	λελυκότα

Perf. Mid. Part.

sg.	n.	λελυμένος	λελυμένη	λελυμένον
	g.	λελυμένου	λελυμένης	λελυμένου
	d.	λελυμένῳ	λελυμένῃ	λελυμένῳ
	a.	λελυμένον	λελυμένην	λελυμένον
pl.	n.	λελυμένοι	λελυμέναι	λελυμένα
	g.	λελυμένων	λελυμένων	λελυμένων
	d.	λελυμένοις	λελυμέναις	λελυμένοις
	a.	λελυμένους	λελυμένας	λελυμένα

Perf. Pass. Part.

sg.	n.	λελυμένος	λελυμένη	λελυμένον
	g.	λελυμένου	λελυμένης	λελυμένου
	d.	λελυμένῳ	λελυμένῃ	λελυμένῳ
	a.	λελυμένον	λελυμένην	λελυμένον
pl.	n.	λελυμένοι	λελυμέναι	λελυμένα
	g.	λελυμένων	λελυμένων	λελυμένων
	d.	λελυμένοις	λελυμέναις	λελυμένοις
	a.	λελυμένους	λελυμένας	λελυμένα

Perfect Participles - Regular Verbs

Perf. Act. Part.

sg.	n.			
	g.			
	d.			
	a.			
pl.	n.			
	g.			
	d.			
	a.			

Perf. Mid. Part.

sg.	n.			
	g.			
	d.			
	a.			
pl.	n.			
	g.			
	d.			
	a.			

Perf. Pass. Part.

sg.	n.			
	g.			
	d.			
	a.			
pl.	n.			
	g.			
	d.			
	a.			

Present Tense - Contract Verbs

α-contract

Pres. Act. Ind.

sg.	1	τιμῶ
	2	τιμᾷς
	3	τιμᾷ
pl.	1	τιμῶμεν
	2	τιμᾶτε
	3	τιμῶσι [ν]

Pres. Mid. Ind.

sg.	1	τιμῶμαι
	2	τιμᾷ
	3	τιμᾶται
pl.	1	τιμώμεθα
	2	τιμᾶσθε
	3	τιμῶνται

Pres. Pass. Ind.

sg.	1	τιμῶμαι
	2	τιμᾷ
	3	τιμᾶται
pl.	1	τιμώμεθα
	2	τιμᾶσθε
	3	τιμῶνται

Pres. Act. Subj.

sg.	1	τιμῶ
	2	τιμᾷς
	3	τιμᾷ
pl.	1	τιμῶμεν
	2	τιμᾶτε
	3	τιμῶσι [ν]

Pres. Mid. Subj.

sg.	1	τιμῶμαι
	2	τιμᾷ
	3	τιμᾶται
pl.	1	τιμώμεθα
	2	τιμᾶσθε
	3	τιμῶνται

Pres. Pass. Subj.

sg.	1	τιμῶμαι
	2	τιμᾷ
	3	τιμᾶται
pl.	1	τιμώμεθα
	2	τιμᾶσθε
	3	τιμῶνται

Pres. Act. Imp.

sg.	2	τίμα
	3	τιμάτω
pl.	2	τιμᾶτε
	3	τιμάτωσαν

Pres. Mid. Imp.

sg.	2	τιμῶ
	3	τιμάσθω
pl.	2	τιμᾶσθε
	3	τιμάσθωσαν

Pres. Pass. Imp.

sg.	2	τιμῶ
	3	τιμάσθω
pl.	2	τιμᾶσθε
	3	τιμάσθωσαν

Pres. Act. Inf.

τιμᾶν

Pres. Mid. Inf.

τιμᾶσθαι

Pres. Pass. Inf.

τιμᾶσθαι

Present Tense - Contract Verbs

α-contract

Pres. Act. Ind.

sg.	1	
	2	
	3	
pl.	1	
	2	
	3	

Pres. Mid. Ind.

sg.	1	
	2	
	3	
pl.	1	
	2	
	3	

Pres. Pass. Ind.

sg.	1	
	2	
	3	
pl.	1	
	2	
	3	

Pres. Act. Subj.

sg.	1	
	2	
	3	
pl.	1	
	2	
	3	

Pres. Mid. Subj.

sg.	1	
	2	
	3	
pl.	1	
	2	
	3	

Pres. Pass. Subj.

sg.	1	
	2	
	3	
pl.	1	
	2	
	3	

Pres. Act. Imp.

sg.	2	
	3	
pl.	2	
	3	

Pres. Mid. Imp.

sg.	2	
	3	
pl.	2	
	3	

Pres. Pass. Imp.

sg.	2	
	3	
pl.	2	
	3	

Pres. Act. Inf.

Pres. Mid. Inf.

Pres. Pass. Inf.

Present Tense - Contract Verbs

α-contract

Pres. Act. Part.

		masc.	fem.	neut.
sg.	n.	τιμῶν	τιμῶσα	τιμῶν
	g.	τιμῶντος	τιμώσης	τιμῶντος
	d.	τιμῶντι	τιμώσῃ	τιμῶντι
	a.	τιμῶντα	τιμῶσαν	τιμῶν
pl.	n.	τιμῶντες	τιμῶσαι	τιμῶντα
	g.	τιμώντων	τιμωσῶν	τιμώντων
	d.	τιμῶσι [ν]	τιμώσαις	τιμῶσι [ν]
	a.	τιμῶντας	τιμῶσας	τιμῶντα

Pres. Mid. Part.

		masc.	fem.	neut.
sg.	n.	τιμώμενος	τιμωμένη	τιμώμενον
	g.	τιμωμένου	τιμωμένης	τιμωμένου
	d.	τιμωμένῳ	τιμωμένῃ	τιμωμένῳ
	a.	τιμώμενον	τιμωμένην	τιμώμενον
pl.	n.	τιμώμενοι	τιμώμεναι	τιμώμενα
	g.	τιμωμένων	τιμωμένων	τιμωμένων
	d.	τιμωμένοις	τιμωμέναις	τιμωμένοις
	a.	τιμωμένους	τιμωμένας	τιμώμενα

Pres. Pass. Part.

		masc.	fem.	neut.
sg.	n.	τιμώμενος	τιμωμένη	τιμώμενον
	g.	τιμωμένου	τιμωμένης	τιμωμένου
	d.	τιμωμένῳ	τιμωμένῃ	τιμωμένῳ
	a.	τιμώμενον	τιμωμένην	τιμώμενον
pl.	n.	τιμώμενοι	τιμώμεναι	τιμώμενα
	g.	τιμωμένων	τιμωμένων	τιμωμένων
	d.	τιμωμένοις	τιμωμέναις	τιμωμένοις
	a.	τιμωμένους	τιμωμένας	τιμώμενα

Present Tense - Contract Verbs

α-contract

Pres. Act. Part.

		masc.	fem.	neut.
sg.	n.			
	g.			
	d.			
	a.			
pl.	n.			
	g.			
	d.			
	a.			

Pres. Mid. Part.

		masc.	fem.	neut.
sg.	n.			
	g.			
	d.			
	a.			
pl.	n.			
	g.			
	d.			
	a.			

Pres. Pass. Part.

		masc.	fem.	neut.
sg.	n.			
	g.			
	d.			
	a.			
pl.	n.			
	g.			
	d.			
	a.			

Imperfect Tense - Contract Verbs

α-contract

Impf. Act. Ind.

sg.	1	ἐτίμων
	2	ἐτίμας
	3	ἐτίμα
pl.	1	ἐτιμῶμεν
	2	ἐτιμᾶτε
	3	ἐτίμων

Impf. Mid. Ind.

sg.	1	ἐτιμώμην
	2	ἐτιμῶ
	3	ἐτιμᾶτο
pl.	1	ἐτιμώμεθα
	2	ἐτιμᾶσθε
	3	ἐτιμῶντο

Impf. Pass. Ind.

sg.	1	ἐτιμώμην
	2	ἐτιμῶ
	3	ἐτιμᾶτο
pl.	1	ἐτιμώμεθα
	2	ἐτιμᾶσθε
	3	ἐτιμῶντο

Imperfect Tense - Contract Verbs

α-contract

Impf. Act. Ind.

sg.	1	
	2	
	3	
pl.	1	
	2	
	3	

Impf. Mid. Ind.

sg.	1	
	2	
	3	
pl.	1	
	2	
	3	

Impf. Pass. Ind.

sg.	1	
	2	
	3	
pl.	1	
	2	
	3	

Present Tense - Contract Verbs

ε-contract

Pres. Act. Ind.

sg.	1	φιλῶ
	2	φιλεῖς
	3	φιλεῖ
pl.	1	φιλοῦμεν
	2	φιλεῖτε
	3	φιλοῦσι [ν]

Pres. Mid. Ind.

sg.	1	φιλοῦμαι
	2	φιλῇ
	3	φιλεῖται
pl.	1	φιλούμεθα
	2	φιλεῖσθε
	3	φιλοῦνται

Pres. Pass. Ind.

sg.	1	φιλοῦμαι
	2	φιλῇ
	3	φιλεῖται
pl.	1	φιλούμεθα
	2	φιλεῖσθε
	3	φιλοῦνται

Pres. Act. Subj.

sg.	1	φιλῶ
	2	φιλῇς
	3	φιλῇ
pl.	1	φιλῶμεν
	2	φιλῆτε
	3	φιλῶσι [ν]

Pres. Mid. Subj.

sg.	1	φιλῶμαι
	2	φιλῇ
	3	φιλῆται
pl.	1	φιλώμεθα
	2	φιλῆσθε
	3	φιλῶνται

Pres. Pass. Subj.

sg.	1	φιλῶμαι
	2	φιλῇ
	3	φιλῆται
pl.	1	φιλώμεθα
	2	φιλῆσθε
	3	φιλῶνται

Pres. Act. Imp.

sg.	2	φίλει
	3	φιλείτω
pl.	2	φιλεῖτε
	3	φιλείτωσαν

Pres. Mid. Imp.

sg.	2	φιλοῦ
	3	φιλείσθω
pl.	2	φιλεῖσθε
	3	φιλείσθωσαν

Pres. Pass. Imp.

sg.	2	φιλοῦ
	3	φιλείσθω
pl.	2	φιλεῖσθε
	3	φιλείσθωσαν

Pres. Act. Inf.

φιλεῖν

Pres. Mid. Inf.

φιλεῖσθαι

Pres. Pass. Inf.

φιλεῖσθαι

Present Tense - Contract Verbs

ε-contract

Pres. Act. Ind.

sg.	1	
	2	
	3	
pl.	1	
	2	
	3	

Pres. Mid. Ind.

sg.	1	
	2	
	3	
pl.	1	
	2	
	3	

Pres. Pass. Ind.

sg.	1	
	2	
	3	
pl.	1	
	2	
	3	

Pres. Act. Subj.

sg.	1	
	2	
	3	
pl.	1	
	2	
	3	

Pres. Mid. Subj.

sg.	1	
	2	
	3	
pl.	1	
	2	
	3	

Pres. Pass. Subj.

sg.	1	
	2	
	3	
pl.	1	
	2	
	3	

Pres. Act. Imp.

sg.	2	
	3	
pl.	2	
	3	

Pres. Mid. Imp.

sg.	2	
	3	
pl.	2	
	3	

Pres. Pass. Imp.

sg.	2	
	3	
pl.	2	
	3	

Pres. Act. Inf.

Pres. Mid. Inf.

Pres. Pass. Inf.

ε-contract

Pres. Act. Part.

		masc.	fem.	neut.
sg.	n.	φιλῶν	φιλοῦσα	φιλοῦν
	g.	φιλοῦντος	φιλούσης	φιλοῦντος
	d.	φιλοῦντι	φιλούσῃ	φιλοῦντι
	a.	φιλοῦντα	φιλοῦσαν	φιλοῦν
pl.	n.	φιλοῦντες	φιλοῦσαι	φιλοῦντα
	g.	φιλούντων	φιλουσῶν	φιλούντων
	d.	φιλοῦσι [ν]	φιλούσαις	φιλοῦσι [ν]
	a.	φιλοῦντας	φιλοῦσας	φιλοῦντα

Pres. Mid. Part.

		masc.	fem.	neut.
sg.	n.	φιλούμενος	φιλουμένη	φιλούμενον
	g.	φιλουμένου	φιλουμένης	φιλουμένου
	d.	φιλουμένῳ	φιλουμένῃ	φιλουμένῳ
	a.	φιλούμενον	φιλουμένην	φιλούμενον
pl.	n.	φιλούμενοι	φιλούμεναι	φιλούμενα
	g.	φιλουμένων	φιλουμένων	φιλουμένων
	d.	φιλουμένοις	φιλουμέναις	φιλουμένοις
	a.	φιλουμένους	φιλουμένας	φιλούμενα

Pres. Pass. Part.

		masc.	fem.	neut.
sg.	n.	φιλούμενος	φιλουμένη	φιλούμενον
	g.	φιλουμένου	φιλουμένης	φιλουμένου
	d.	φιλουμένῳ	φιλουμένῃ	φιλουμένῳ
	a.	φιλούμενον	φιλουμένην	φιλούμενον
pl.	n.	φιλούμενοι	φιλούμεναι	φιλούμενα
	g.	φιλουμένων	φιλουμένων	φιλουμένων
	d.	φιλουμένοις	φιλουμέναις	φιλουμένοις
	a.	φιλουμένους	φιλουμένας	φιλούμενα

Present Tense - Contract Verbs

ε-contract

Pres. Act. Part.

		masc.	fem.	neut.
sg.	n.			
	g.			
	d.			
	a.			
pl.	n.			
	g.			
	d.			
	a.			

Pres. Mid. Part.

		masc.	fem.	neut.
sg.	n.			
	g.			
	d.			
	a.			
pl.	n.			
	g.			
	d.			
	a.			

Pres. Pass. Part.

		masc.	fem.	neut.
sg.	n.			
	g.			
	d.			
	a.			
pl.	n.			
	g.			
	d.			
	a.			

Imperfect Tense - Contract Verbs

ε-contract

Impf. Act. Ind.

sg.	1	ἐφίλουν
	2	ἐφίλεις
	3	ἐφίλει
pl.	1	ἐφιλοῦμεν
	2	ἐφιλεῖτε
	3	ἐφίλουν

Impf. Mid. Ind.

sg.	1	ἐφιλούμην
	2	ἐφιλοῦ
	3	ἐφιλεῖτο
pl.	1	ἐφιλούμεθα
	2	ἐφιλεῖσθε
	3	ἐφιλοῦντο

Impf. Pass. Ind.

sg.	1	ἐφιλούμην
	2	ἐφιλοῦ
	3	ἐφιλεῖτο
pl.	1	ἐφιλούμεθα
	2	ἐφιλεῖσθε
	3	ἐφιλοῦντο

Imperfect Tense - Contract Verbs

ε-contract

Impf. Act. Ind.

sg.	1	
	2	
	3	
pl.	1	
	2	
	3	

Impf. Mid. Ind.

sg.	1	
	2	
	3	
pl.	1	
	2	
	3	

Impf. Pass. Ind.

sg.	1	
	2	
	3	
pl.	1	
	2	
	3	

Present Tense - Contract Verbs

ο-contract

Pres. Act. Ind.

sg.	1	δηλῶ
	2	δηλοῖς
	3	δηλοῖ
pl.	1	δηλοῦμεν
	2	δηλοῦτε
	3	δηλοῦσι [ν]

Pres. Mid. Ind.

sg.	1	δηλοῦμαι
	2	δηλοῖ
	3	δηλοῦται
pl.	1	δηλούμεθα
	2	δηλοῦσθε
	3	δηλοῦνται

Pres. Pass. Ind.

sg.	1	δηλοῦμαι
	2	δηλοῖ
	3	δηλοῦται
pl.	1	δηλούμεθα
	2	δηλοῦσθε
	3	δηλοῦνται

Pres. Act. Subj.

sg.	1	δηλῶ
	2	δηλοῖς
	3	δηλοῖ
pl.	1	δηλῶμεν
	2	δηλῶτε
	3	δηλῶσι [ν]

Pres. Mid. Subj.

sg.	1	δηλῶμαι
	2	δηλοῖ
	3	δηλῶται
pl.	1	δηλώμεθα
	2	δηλῶσθε
	3	δηλῶνται

Pres. Pass. Subj.

sg.	1	δηλῶμαι
	2	δηλοῖ
	3	δηλῶται
pl.	1	δηλώμεθα
	2	δηλῶσθε
	3	δηλῶνται

Pres. Act. Imp.

sg.	2	δήλου
	3	δηλούτω
pl.	2	δηλοῦτε
	3	δηλούτωσαν

Pres. Mid. Imp.

sg.	2	δηλοῦ
	3	δηλούσθω
pl.	2	δηλοῦσθε
	3	δηλούσθωσαν

Pres. Pass. Imp.

sg.	2	δηλοῦ
	3	δηλούσθω
pl.	2	δηλοῦσθε
	3	δηλούσθωσαν

Pres. Act. Inf.

δηλοῦν

Pres. Mid. Inf.

δηλοῦσθαι

Pres. Pass. Inf.

δηλοῦσθαι

Present Tense - Contract Verbs

ο-contract

Pres. Act. Ind.

sg.	1	
	2	
	3	
pl.	1	
	2	
	3	

Pres. Mid. Ind.

sg.	1	
	2	
	3	
pl.	1	
	2	
	3	

Pres. Pass. Ind.

sg.	1	
	2	
	3	
pl.	1	
	2	
	3	

Pres. Act. Subj.

sg.	1	
	2	
	3	
pl.	1	
	2	
	3	

Pres. Mid. Subj.

sg.	1	
	2	
	3	
pl.	1	
	2	
	3	

Pres. Pass. Subj.

sg.	1	
	2	
	3	
pl.	1	
	2	
	3	

Pres. Act. Imp.

sg.	2	
	3	
pl.	2	
	3	

Pres. Mid. Imp.

sg.	2	
	3	
pl.	2	
	3	

Pres. Pass. Imp.

sg.	2	
	3	
pl.	2	
	3	

Pres. Act. Inf.

Pres. Mid. Inf.

Pres. Pass. Inf.

Present Tense - Contract Verbs

ο-contract

Pres. Act. Part.

		masc.	fem.	neut.
sg.	n.	δηλῶν	δηλοῦσα	δηλοῦν
	g.	δηλοῦντος	δηλούσης	δηλοῦντος
	d.	δηλοῦντι	δηλούσῃ	δηλοῦντι
	a.	δηλοῦντα	δηλοῦσαν	δηλοῦν
pl.	n.	δηλοῦντες	δηλοῦσαι	δηλοῦντα
	g.	δηλούντων	δηλουσῶν	δηλούντων
	d.	δηλοῦσι [ν]	δηλούσαις	δηλοῦσι [ν]
	a.	δηλοῦντας	δηλοῦσας	δηλοῦντα

Pres. Mid. Part.

		masc.	fem.	neut.
sg.	n.	δηλούμενος	δηλουμένη	δηλούμενον
	g.	δηλουμένου	δηλουμένης	δηλουμένου
	d.	δηλουμένῳ	δηλουμένῃ	δηλουμένῳ
	a.	δηλούμενον	δηλουμένην	δηλούμενον
pl.	n.	δηλούμενοι	δηλούμεναι	δηλούμενα
	g.	δηλουμένων	δηλουμένων	δηλουμένων
	d.	δηλουμένοις	δηλουμέναις	δηλουμένοις
	a.	δηλουμένους	δηλουμένας	δηλούμενα

Pres. Pass. Part.

		masc.	fem.	neut.
sg.	n.	δηλούμενος	δηλουμένη	δηλούμενον
	g.	δηλουμένου	δηλουμένης	δηλουμένου
	d.	δηλουμένῳ	δηλουμένῃ	δηλουμένῳ
	a.	δηλούμενον	δηλουμένην	δηλούμενον
pl.	n.	δηλούμενοι	δηλούμεναι	δηλούμενα
	g.	δηλουμένων	δηλουμένων	δηλουμένων
	d.	δηλουμένοις	δηλουμέναις	δηλουμένοις
	a.	δηλουμένους	δηλουμένας	δηλούμενα

ο-contract

Pres. Act. Part.

		masc.	fem.	neut.
sg.	n.			
	g.			
	d.			
	a.			
pl.	n.			
	g.			
	d.			
	a.			

Pres. Mid. Part.

		masc.	fem.	neut.
sg.	n.			
	g.			
	d.			
	a.			
pl.	n.			
	g.			
	d.			
	a.			

Pres. Pass. Part.

		masc.	fem.	neut.
sg.	n.			
	g.			
	d.			
	a.			
pl.	n.			
	g.			
	d.			
	a.			

Imperfect Tense - Contract Verbs

ο-contract

Impf. Act. Ind.

sg.	1	ἐδήλουν
	2	ἐδήλους
	3	ἐδήλου
pl.	1	ἐδηλοῦμεν
	2	ἐδηλοῦτε
	3	ἐδήλουν

Impf. Mid. Ind.

sg.	1	ἐδηλούμην
	2	ἐδηλοῦ
	3	ἐδηλοῦτο
pl.	1	ἐδηλούμεθα
	2	ἐδηλοῦσθε
	3	ἐδηλοῦντο

Impf. Pass. Ind.

sg.	1	ἐδηλούμην
	2	ἐδηλοῦ
	3	ἐδηλοῦτο
pl.	1	ἐδηλούμεθα
	2	ἐδηλοῦσθε
	3	ἐδηλοῦντο

Imperfect Tense - Contract Verbs

ο-contract

Impf. Act. Ind.

sg.	1	
	2	
	3	
pl.	1	
	2	
	3	

Impf. Mid. Ind.

sg.	1	
	2	
	3	
pl.	1	
	2	
	3	

Impf. Pass. Ind.

sg.	1	
	2	
	3	
pl.	1	
	2	
	3	

Liquid Future Tense

L-Fut. Act. Ind.

sg.	1	κρινῶ
	2	κρινεῖς
	3	κρινεῖ
pl.	1	κρινοῦμεν
	2	κρινεῖτε
	3	κρινοῦσι [ν]

L-Fut. Mid. Ind.

sg.	1	κρινοῦμαι
	2	κρινῇ
	3	κρινεῖται
pl.	1	κρινούμεθα
	2	κρινεῖσθε
	3	κρινοῦνται

L-Fut. Pass. Ind.

sg.	1	φανήσομαι
	2	φανήσῃ
	3	φανήσεται
pl.	1	φανησόμεθα
	2	φανήσεσθε
	3	φανήσονται

Liquid Future Tense

L-Fut. Act. Ind.

sg.	1	
	2	
	3	
pl.	1	
	2	
	3	

L-Fut. Mid. Ind.

sg.	1	
	2	
	3	
pl.	1	
	2	
	3	

L-Fut. Pass. Ind.

sg.	1	
	2	
	3	
pl.	1	
	2	
	3	

Liquid Aorist Tense

L-Aor. Act. Ind.

sg.	1	ἔκρινα
	2	ἔκρινας
	3	ἔκρινε [ν]
pl.	1	ἐκρίναμεν
	2	ἐκρίνατε
	3	ἔκριναν

L-Aor. Mid. Ind.

sg.	1	ἐκρινάμην
	2	ἐκρίνω
	3	ἐκρίνατο
pl.	1	ἐκρινάμεθα
	2	ἐκρίνασθε
	3	ἐκρίναντο

L-Aor. Pass. Ind.

sg.	1	ἐφάνην
	2	ἐφάνης
	3	ἐφάνη
pl.	1	ἐφάνημεν
	2	ἐφάνητε
	3	ἐφάνησαν

L-Aor. Act. Subj.

sg.	1	κρίνω
	2	κρίνῃς
	3	κρίνῃ
pl.	1	κρίνωμεν
	2	κρίνητε
	3	κρίνωσι [ν]

L-Aor. Mid. Subj.

sg.	1	κρίνωμαι
	2	κρίνῃ
	3	κρίνηται
pl.	1	κρινώμεθα
	2	κρίνησθε
	3	κρίνωνται

L-Aor. Pass. Subj.

sg.	1	φανῶ
	2	φανῇς
	3	φανῇ
pl.	1	φανῶμεν
	2	φανῆτε
	3	φανῶσι [ν]

L-Aor. Act. Impv.

sg.	2	κρῖνον
	3	κρινάτω
pl.	2	κρίνατε
	3	κρινάτωσαν

L-Aor. Mid. Impv.

sg.	2	κρῖναι
	3	κρινάσθω
pl.	2	κρίνασθε
	3	κρινάσθωσαν

L-Aor. Pass. Impv.

sg.	2	φάνηθι
	3	φανήτω
pl.	2	φάνητε
	3	φανήτωσαν

L-Aor. Act. Inf.

κρῖναι

L-Aor. Mid. Inf.

κρίνασθαι

L-Aor. Pass. Inf.

φανῆναι

Liquid Aorist Tense

L-Aor. Act. Ind.

sg.	1	
	2	
	3	
pl.	1	
	2	
	3	

L-Aor. Mid. Ind.

sg.	1	
	2	
	3	
pl.	1	
	2	
	3	

L-Aor. Pass. Ind.

sg.	1	
	2	
	3	
pl.	1	
	2	
	3	

L-Aor. Act. Subj.

sg.	1	
	2	
	3	
pl.	1	
	2	
	3	

L-Aor. Mid. Subj.

sg.	1	
	2	
	3	
pl.	1	
	2	
	3	

L-Aor. Pass. Subj.

sg.	1	
	2	
	3	
pl.	1	
	2	
	3	

L-Aor. Act. Impv.

sg.	2	
	3	
pl.	2	
	3	

L-Aor. Mid. Impv.

sg.	2	
	3	
pl.	2	
	3	

L-Aor. Pass. Impv.

sg.	2	
	3	
pl.	2	
	3	

L-Aor. Act. Inf.

L-Aor. Mid. Inf.

L-Aor. Pass. Inf.

Liquid Aorist Participles

L-Aor. Act. Part.

		masc.	fem.	neut.
sg.	n.	κρίνας	κρίνασα	κρῖναν
	g.	κρίναντος	κρινάσης	κρίναντος
	d.	κρίναντι	κρινάσῃ	κρίναντι
	a.	κρίναντα	κρίνασαν	κρῖναν
pl.	n.	κρίναντες	κρίνασαι	κρίναντα
	g.	κρινάντων	κρινασῶν	κρινάντων
	d.	κρίνασι [ν]	κρινάσαις	κρίνασι [ν]
	a.	κρίναντας	κρινάσας	κρίναντα

L-Aor. Mid. Part.

		masc.	fem.	neut.
sg.	n.	κρινάμενος	κριναμένη	κρινάμενον
	g.	κριναμένου	κριναμένης	κριναμένου
	d.	κριναμένῳ	κριναμένῃ	κριναμένῳ
	a.	κρινάμενον	κριναμένην	κρινάμενον
pl.	n.	κρινάμενοι	κρινάμεναι	κρινάμενα
	g.	κριναμένων	κριναμένων	κριναμένων
	d.	κριναμένοις	κριναμέναις	κριναμένοις
	a.	κριναμένους	κριναμένας	κρινάμενα

L-Aor. Pass. Part.

		masc.	fem.	neut.
sg.	n.	φανείς	φανεῖσα	φανέν
	g.	φανέντος	φανείσης	φανέντος
	d.	φανέντι	φανείσῃ	φανέντι
	a.	φανέντα	φανεῖσαν	φανέν
pl.	n.	φανέντες	φανεῖσαι	φανέντα
	g.	φανέντων	φανεισῶν	φανέντων
	d.	φανεῖσι [ν]	φανείσαις	φανεῖσι [ν]
	a.	φανέντας	φανείσας	φανέντα

Liquid Aorist Participles

L-Aor. Act. Part.

		masc.	fem.	neut.
sg.	n.			
	g.			
	d.			
	a.			
pl.	n.			
	g.			
	d.			
	a.			

L-Aor. Mid. Part.

		masc.	fem.	neut.
sg.	n.			
	g.			
	d.			
	a.			
pl.	n.			
	g.			
	d.			
	a.			

L-Aor. Pass. Part.

		masc.	fem.	neut.
sg.	n.			
	g.			
	d.			
	a.			
pl.	n.			
	g.			
	d.			
	a.			

Present Tense - δίδωμι

Pres. Act. Indic.

sg.	1	δίδωμι
	2	δίδως
	3	δίδωσι [ν]
pl.	1	δίδομεν
	2	δίδοτε
	3	διδόασι [ν]

Imperf. Act. Indic.

sg.	1	ἐδίδουν
	2	ἐδίδους
	3	ἐδίδου
pl.	1	ἐδίδομεν
	2	ἐδίδοτε
	3	ἐδίδοσαν

Pres. Act. Subj.

sg.	1	διδῶ
	2	διδῷς
	3	διδῷ
pl.	1	διδῶμεν
	2	διδῶτε
	3	διδῶσι [ν]

Pres. Act. Imper.

sg.	2	δίδου
	3	διδότω
pl.	2	δίδοτε
	3	διδότωσαν

Pres. Act. Infin.

διδόναι

Pres. Act. Part.

		masc.	fem.	neut.
sg.	n.	διδούς	διδοῦσα	διδόν
	g.	διδόντος	διδούσης	διδόντος
	d.	διδόντι	διδούσῃ	διδόντι
	a.	διδόντα	διδοῦσαν	διδόν
pl.	n.	διδόντες	διδοῦσαι	διδόντα
	g.	διδόντων	διδουσῶν	διδόντων
	d.	διδοῦσι [ν]	διδούσαις	διδοῦσι [ν]
	a.	διδόντας	διδούσας	διδόντα

Present Tense - δίδωμι

Pres. Act. Indic.

sg.	1	
	2	
	3	
pl.	1	
	2	
	3	

Imperf. Act. Indic.

sg.	1	
	2	
	3	
pl.	1	
	2	
	3	

Pres. Act. Subj.

sg.	1	
	2	
	3	
pl.	1	
	2	
	3	

Pres. Act. Imper.

sg.	2	
	3	
pl.	2	
	3	

Pres. Act. Infin.

Pres. Act. Part.

		masc.	fem.	neut.
sg.	n.			
	g.			
	d.			
	a.			
pl.	n.			
	g.			
	d.			
	a.			

Aorist Tense - δίδωμι

1-Aor. Act. Indic.

sg.	1	ἔδωκα
	2	ἔδωκας
	3	ἔδωκε [ν]
pl.	1	ἐδώκαμεν
	2	ἐδώκατε
	3	ἔδωκαν

2-Aor. Act. Subj.

sg.	1	δῶ
	2	δῷς
	3	δῷ
pl.	1	δῶμεν
	2	δῶτε
	3	δῶσι [ν]

2-Aor. Act. Imper.

sg.	2	δός
	3	δότω
pl.	2	δότε
	3	δότωσαν

2-Aor. Act. Infin.

δοῦναι

2-Aor. Act. Part.

		masc.	fem.	neut.
sg.	n.	δούς	δοῦσα	δόν
	g.	δόντος	δούσης	δόντος
	d.	δόντι	δούσῃ	δόντι
	a.	δόντα	δοῦσαν	δόν
pl.	n.	δόντες	δοῦσαι	δόντα
	g.	δόντων	δουσῶν	δόντων
	d.	δοῦσι [ν]	δούσαις	δοῦσι [ν]
	a.	δόντας	δούσας	δόντα

Aorist Tense - δίδωμι

1-Aor. Act. Indic.

sg.	1	
	2	
	3	
pl.	1	
	2	
	3	

2-Aor. Act. Subj.

sg.	1	
	2	
	3	
pl.	1	
	2	
	3	

2-Aor. Act. Imper.

sg.	2	
	3	
pl.	2	
	3	

2-Aor. Act. Infin.

2-Aor. Act. Part.

		masc.	fem.	neut.
sg.	n.			
	g.			
	d.			
	a.			
pl.	n.			
	g.			
	d.			
	a.			

Present Tense - τίθημι

Pres. Act. Indic.

sg.	1	τίθημι
	2	τίθης
	3	τίθησι [ν]
pl.	1	τίθεμεν
	2	τίθετε
	3	τιθέασι [ν]

Imperf. Act. Indic.

sg.	1	ἐτίθην
	2	ἐτίθεις
	3	ἐτίθει
pl.	1	ἐτίθεμεν
	2	ἐτίθετε
	3	ἐτίθεσαν

Pres. Act. Subj.

sg.	1	τιθῶ
	2	τιθῇς
	3	τιθῇ
pl.	1	τιθῶμεν
	2	τιθῆτε
	3	τιθῶσι [ν]

Pres. Act. Imper.

sg.	2	τίθει
	3	τιθέτω
pl.	2	τίθετε
	3	τιθέτωσαν

Pres. Act. Infin.

τιθέναι

Pres. Act. Part.

		masc.	fem.	neut.
sg.	n.	τιθείς	τιθεῖσα	τιθέν
	g.	τιθέντος	τιθείσης	τιθέντος
	d.	τιθέντι	τιθείσῃ	τιθέντι
	a.	τιθέντα	τιθεῖσαν	τιθέν
pl.	n.	τιθέντες	τιθεῖσαι	τιθέντα
	g.	τιθέντων	τιθεισῶν	τιθέντων
	d.	τιθεῖσι [ν]	τιθείσαις	τιθεῖσι [ν]
	a.	τιθέντας	τιθείσας	τιθέντα

Present Tense - τίθημι

Pres. Act. Indic.

sg.	1	
	2	
	3	
pl.	1	
	2	
	3	

Imperf. Act. Indic.

sg.	1	
	2	
	3	
pl.	1	
	2	
	3	

Pres. Act. Subj.

sg.	1	
	2	
	3	
pl.	1	
	2	
	3	

Pres. Act. Imper.

sg.	2	
	3	
pl.	2	
	3	

Pres. Act. Infin.

Pres. Act. Part.

		masc.	fem.	neut.
sg.	n.			
	g.			
	d.			
	a.			
pl.	n.			
	g.			
	d.			
	a.			

183

Aorist Tense - τίθημι

1-Aor. Act. Indic.

sg.	1	ἔθηκα
	2	ἔθηκας
	3	ἔθηκε [ν]
pl.	1	ἐθήκαμεν
	2	ἐθήκατε
	3	ἔθηκαν

2-Aor. Act. Subj.

sg.	1	θῶ
	2	θῇς
	3	θῇ
pl.	1	θῶμεν
	2	θῆτε
	3	θῶσι [ν]

2-Aor. Act. Imper.

sg.	2	θές
	3	θέτω
pl.	2	θέτε
	3	θέτωσαν

2-Aor. Act. Infin.

θεῖναι

2-Aor. Act. Part.

		masc.	fem.	neut.
sg.	n.	θείς	θεῖσα	θέν
	g.	θέντος	θείσης	θέντος
	d.	θέντι	θείσῃ	θέντι
	a.	θέντα	θεῖσαν	θέν
pl.	n.	θέντες	θεῖσαι	θέντα
	g.	θέντων	θεισῶν	θέντων
	d.	θεῖσι [ν]	θείσαις	θεῖσι [ν]
	a.	θέντας	θείσας	θέντα

184

Aorist Tense - τίθημι

1-Aor. Act. Indic.

sg.	1	
	2	
	3	
pl.	1	
	2	
	3	

2-Aor. Act. Subj.

sg.	1	
	2	
	3	
pl.	1	
	2	
	3	

2-Aor. Act. Imper.

sg.	2	
	3	
pl.	2	
	3	

2-Aor. Act. Infin.

2-Aor. Act. Part.

		masc.	fem.	neut.
sg.	n.			
	g.			
	d.			
	a.			
pl.	n.			
	g.			
	d.			
	a.			

Present Tense - ἵστημι

Pres. Act. Indic.

sg.	1	ἵστημι
	2	ἵστης
	3	ἵστησι [ν]
pl.	1	ἵσταμεν
	2	ἵστατε
	3	ἱστᾶσι [ν]

Imperf. Act. Indic.

sg.	1	ἵστην
	2	ἵστης
	3	ἵστη
pl.	1	ἵσταμεν
	2	ἵστατε
	3	ἵστασαν

Pres. Act. Subj.

sg.	1	ἱστῶ
	2	ἱστῇς
	3	ἱστῇ
pl.	1	ἱστῶμεν
	2	ἱστῆτε
	3	ἱστῶσι [ν]

Pres. Act. Imper.

sg.	2	ἵστη
	3	ἱστάτω
pl.	2	ἵστατε
	3	ἱστάτωσαν

Pres. Act. Infin.

ἱστάναι

Pres. Act. Part.

		masc.	fem.	neut.
sg.	n.	ἱστάς	ἱστᾶσα	ἱστάν
	g.	ἱστάντος	ἱστάσης	ἱστάντος
	d.	ἱστάντι	ἱστάσῃ	ἱστάντι
	a.	ἱστάντα	ἱστᾶσαν	ἱστάν
pl.	n.	ἱστάντες	ἱστᾶσαι	ἱστάντα
	g.	ἱστάντων	ἱστασῶν	ἱστάντων
	d.	ἱστᾶσι [ν]	ἱστάσαις	ἱστᾶσι [ν]
	a.	ἱστάντας	ἱστάσας	ἱστάντα

Present Tense - ἵστημι

Pres. Act. Indic.

sg.	1	
	2	
	3	
pl.	1	
	2	
	3	

Imperf. Act. Indic.

sg.	1	
	2	
	3	
pl.	1	
	2	
	3	

Pres. Act. Subj.

sg.	1	
	2	
	3	
pl.	1	
	2	
	3	

Pres. Act. Imper.

sg.	2	
	3	
pl.	2	
	3	

Pres. Act. Infin.

Pres. Act. Part.

		masc.	fem.	neut.
sg.	n.			
	g.			
	d.			
	a.			
pl.	n.			
	g.			
	d.			
	a.			

Aorist Tense - ἵστημι

2-Aor. Act. Indic.

sg.	1	ἔστην
	2	ἔστης
	3	ἔστη
pl.	1	ἔστημεν
	2	ἔστητε
	3	ἔστησαν

2-Aor. Act. Subj.

sg.		στῶ
	2	στῇς
	3	στῇ
pl.	1	στῶμεν
	2	στῆτε
	3	στῶσι [ν]

2-Aor. Act. Imper.

sg.	2	στῆθι
	3	στήτω
pl.	2	στῆτε
	3	στήτωσαν

2-Aor. Act. Infin.

στῆναι

2-Aor. Act. Part.

		masc.	fem.	neut.
sg.	n.	στάς	στᾶσα	στάν
	g.	στάντος	στάσης	στάντος
	d.	στάντι	στάσῃ	στάντι
	a.	στάντα	στᾶσαν	στάν
pl.	n.	στάντες	στᾶσαι	στάντα
	g.	στάντων	στασῶν	στάντων
	d.	στᾶσι [ν]	στάσαις	στᾶσι [ν]
	a.	στάντας	στάσας	στάντα

Aorist Tense - ἵστημι

2-Aor. Act. Indic.

sg.	1	
	2	
	3	
pl.	1	
	2	
	3	

2-Aor. Act. Subj.

sg.		
	2	
	3	
pl.	1	
	2	
	3	

2-Aor. Act. Imper.

sg.	2	
	3	
pl.	2	
	3	

2-Aor. Act. Infin.

2-Aor. Act. Part.

		masc.	fem.	neut.
sg.	n.			
	g.			
	d.			
	a.			
pl.	n.			
	g.			
	d.			
	a.			

Reviewing Nouns, Articles, Adjectives and Pronouns

Nouns:

2nd Declension: ἄνθρωπος , ὁ , and δῶρον , τό

1st Declension: ὥρα , ἡ , δόξα , ἡ , γραθή , ἡ , and προφήτης , ὁ

3rd Declension: ἔλπις , ἡ , νύξ , ἡ , γενός , τό , and βασιλεύς , ὁ

Article: [Machen, paragraph 63]

Adjectives:

1st and 2nd Declensions: ἀγαθός , -ή , -όν and δίκαιος , -α, -ον [Mach 568 & 570]

πολύς , πολλή , πολύ [Mach 574]

μέγας , μεγάλη , μέγα [Mach 575]

3rd Declension: ἀληθής , ές [Mach 360]

Comparative of Adj.:   μείζων , ον [Mach 459/571]

"All":   πᾶς , πᾶσα , πᾶν [Mach 573]

Pronouns:

Personal: ἐγώ , σύ , and αὐτός , -ή , -ό [Mach 581]

Demonstrative: οὗτος , αὕτη , τοῦτο and ἐκεῖνος , -η , -ο [Mach 582]

Relative: ὅς , ἥ , ὅ [Mach 583]

Interrogative: τίς , τί [Mach 584]

Indefinite: τις , τι [Mach 584]

Reflexive: ἐμαυτοῦ , -ῆς , σεαυτοῦ , -ῆς , ἑαυτοῦ , -ῆς , -οῦ [Mach 585/58

Reciprocal: ἀλλήλων [Mach 343]   (only 3 forms)

Nouns of the 1st and 2nd Declensions

2nd Declension:

"a man" (masc.)

sg.	n.	ἄνθρωπος
	g.	ἀνθρώπου
	d.	ἀνθρώπῳ
	a.	ἄνθρωπον
	v.	ἄνθρωπε
pl.	n.	ἄνθρωποι
	g.	ἀνθρώπων
	d.	ἀνθρώποις
	a.	ἀνθρώπους
	v.	ἄνθρωποι

"a gift" (neut.)

sg.	n.	δῶρον
	g.	δώρου
	d.	δώρῳ
	a.	δῶρον
	v.	δῶρον
pl.	n.	δῶρα
	g.	δώρων
	d.	δώροις
	a.	δῶρα
	v.	δῶρα

1st Declension:

"an hour" (fem.)

sg.	n.	ὥρα
	g.	ὥρας
	d.	ὥρᾳ
	a.	ὥραν
	v.	ὥρα
pl.	n.	ὧραι
	g.	ὡρῶν
	d.	ὥραις
	a.	ὥρας
	v.	ὧραι

"glory" (fem.)

sg.	n.	δόξα
	g.	δόξης
	d.	δόξῃ
	a.	δόξαν
	v.	δόξα
pl.	n.	δόξαι
	g.	δοξῶν
	d.	δόξαις
	a.	δόξας
	v.	δόξαι

"a writing" (fem.)

sg.	n.	γραφή
	g.	γραφῆς
	d.	γραφῇ
	a.	γραφήν
	v.	γραφή
pl.	n.	γραφαί
	g.	γραφῶν
	d.	γραφαῖς
	a.	γραφάς
	v.	γραφαί

"a prophet" (masc.)

sg.	n.	προφήτης
	g.	προφήτου
	d.	προφήτῃ
	a.	προφήτην
	v.	προφῆτα
pl.	n.	προφῆται
	g.	προφητῶν
	d.	προφήταις
	a.	προφήτας
	v.	προφῆται

Nouns of the 1st and 2nd Declensions

2nd Declension:

"a man" (masc.)

sg.	n.	
	g.	
	d.	
	a.	
	v.	
pl.	n.	
	g.	
	d.	
	a.	
	v.	

"a gift" (neut.)

sg.	n.	
	g.	
	d.	
	a.	
	v.	
pl.	n.	
	g.	
	d.	
	a.	
	v.	

1st Declension:

"an hour" (fem.)

sg.	n.	
	g.	
	d.	
	a.	
	v.	
pl.	n.	
	g.	
	d.	
	a.	
	v.	

"glory" (fem.)

sg.	n.	
	g.	
	d.	
	a.	
	v.	
pl.	n.	
	g.	
	d.	
	a.	
	v.	

"a writing" (fem.)

sg.	n.	
	g.	
	d.	
	a.	
	v.	
pl.	n.	
	g.	
	d.	
	a.	
	v.	

"a prophet" (masc.)

sg.	n.	
	g.	
	d.	
	a.	
	v.	
pl.	n.	
	g.	
	d.	
	a.	
	v.	

Nouns of the 3rd Declension

3rd Declension:

"hope" (fem.)

sg.	n.	ἐλπίς
	g.	ἐλπίδος
	d.	ἐλπίδι
	a.	ἐλπίδα
	v.	ἐλπί
pl.	n.	ἐλπίδες
	g.	ἐλπίδων
	d.	ἐλπίσι [ν]
	a.	ἐλπίδας
	v.	ἐλπίδες

"night" (fem.)

sg.	n.	νύξ
	g.	νυκτός
	d.	νυκτί
	a.	νύκτα
	v.	νύξ
pl.	n.	νύκτες
	g.	νυκτῶν
	d.	νυξί [ν]
	a.	νύκτας
	v.	νύκτες

"a ruler" (masc.)

sg.	n.	ἄρχων
	g.	ἄρχοντος
	d.	ἄρχοντι
	a.	ἄρχοντα
	v.	ἄρχων
pl.	n.	ἄρχοντες
	g.	ἀρχόντων
	d.	ἄρχουσι [ν]
	a.	ἄρχοντας
	v.	ἄρχοντες

"a name" (neut.)

sg.	n.	ὄνομα
	g.	ὀνόματος
	d.	ὀνόματι
	a.	ὄνομα
	v.	ὄνομα
pl.	n.	ὀνόματα
	g.	ὀνομάτων
	d.	ὀνόμασι [ν]
	a.	ὀνόματα
	v.	ὀνόματα

Nouns of the 3rd Declension

3rd Declension:

"hope" (fem.)

sg.	n.	
	g.	
	d.	
	a.	
	v.	
pl.	n.	
	g.	
	d.	
	a.	
	v.	

"night" (fem.)

sg.	n.	
	g.	
	d.	
	a.	
	v.	
pl.	n.	
	g.	
	d.	
	a.	
	v.	

"a ruler" (masc.)

sg.	n.	
	g.	
	d.	
	a.	
	v.	
pl.	n.	
	g.	
	d.	
	a.	
	v.	

"a name" (neut.)

sg.	n.	
	g.	
	d.	
	a.	
	v.	
pl.	n.	
	g.	
	d.	
	a.	
	v.	

Nouns of the 3rd Declension

3rd Declension:

"grace" (fem.)

sg.	n.	χάρις
	g.	χάριτος
	d.	χάριτι
	a.	χάριν
	v.	χάρις
pl.	n.	χάριτες
	g.	χαρίτων
	d.	χάρισι [ν]
	a.	χάριτας
	v.	χάριτες

"city" (fem.)

sg.	n.	πόλις
	g.	πόλεως
	d.	πόλει
	a.	πόλιν
	v.	πόλι
pl.	n.	πόλεις
	g.	πόλεων
	d.	πόλεσι [ν]
	a.	πόλεις
	v.	πόλεις

"race" (neut.)

sg.	n.	γένος
	g.	γένους
	d.	γένει
	a.	γένος
	v.	γένος
pl.	n.	γένη
	g.	γενῶν
	d.	γένεσι [ν]
	a.	γένη
	v.	γένη

"king" (masc.)

sg.	n.	βασιλεύς
	g.	βασιλέως
	d.	βασιλεῖ
	a.	βασιλέα
	v.	βασιλεῦ
pl.	n.	βασιλεῖς
	g.	βασιλέων
	d.	βασιλεῦσι [ν]
	a.	βασιλεῖς
	v.	βασιλεῖς

Nouns of the 3rd Declension

3rd Declension:

"grace" (fem.)

sg.	n.	
	g.	
	d.	
	a.	
	v.	
pl.	n.	
	g.	
	d.	
	a.	
	v.	

"city" (fem.)

sg.	n.	
	g.	
	d.	
	a.	
	v.	
pl.	n.	
	g.	
	d.	
	a.	
	v.	

"race" (neut.)

sg.	n.	
	g.	
	d.	
	a.	
	v.	
pl.	n.	
	g.	
	d.	
	a.	
	v.	

"king" (masc.)

sg.	n.	
	g.	
	d.	
	a.	
	v.	
pl.	n.	
	g.	
	d.	
	a.	
	v.	

The Article

		masc.	fem.	neut.
sg.	n.	ὁ	ἡ	τό
	g.	τοῦ	τῆς	τοῦ
	d.	τῷ	τῇ	τῷ
	a.	τόν	τήν	τό
pl.	n.	οἱ	αἱ	τά
	g.	τῶν	τῶν	τῶν
	d.	τοῖς	ταῖς	τοῖς
	a.	τούς	τάς	τά

The Article

		masc.	fem.	neut.
sg.	n.			
	g.			
	d.			
	a.			
pl.	n.			
	g.			
	d.			
	a.			

Adjectives of the 1st and 2nd Declensions

"good"

		masc.	fem.	neut.
sg.	n.	ἀγαθός	ἀγαθή	ἀγαθόν
	g.	ἀγαθοῦ	ἀγαθῆς	ἀγαθοῦ
	d.	ἀγαθῷ	ἀγαθῇ	ἀγαθῷ
	a.	ἀγαθόν	ἀγαθήν	ἀγαθόν
	v.	ἀγαθέ	ἀγαθή	ἀγαθόν
pl.	n.	ἀγαθοί	ἀγαθαί	ἀγαθά
	g.	ἀγαθῶν	ἀγαθῶν	ἀγαθῶν
	d.	ἀγαθοῖς	ἀγαθαῖς	ἀγαθοῖς
	a.	ἀγαθούς	ἀγαθάς	ἀγαθά
	v.	ἀγαθοί	ἀγαθαί	ἀγαθά

"righteous"

		masc.	fem.	neut.
sg.	n.	δίκαιος	δικαία	δίκαιον
	g.	δικαίου	δικαίας	δικαίου
	d.	δικαίῳ	δικαίᾳ	δικαίῳ
	a.	δίκαιον	δικαίαν	δίκαιον
	v.	δίκαιε	δικαία	δίκαιον
pl.	n.	δίκαιοι	δίκαιαι	δίκαια
	g.	δικαίων	δικαίων	δικαίων
	d.	δικαίοις	δικαίαις	δικαίοις
	a.	δικαίους	δικαίας	δίκαια
	v.	δίκαιοι	δίκαιαι	δίκαια

"much"

		masc.	fem.	neut.
sg.	n.	πολύς	πολλή	πολύ
	g.	πολλοῦ	πολλῆς	πολλοῦ
	d.	πολλῷ	πολλῇ	πολλῷ
	a.	πολύν	πολλήν	πολύ
	v.	N/A	N/A	N/A
pl.	n.	πολλοί	πολλαί	πολλά
	g.	πολλῶν	πολλῶν	πολλῶν
	d.	πολλοῖς	πολλαῖς	πολλοῖς
	a.	πολλούς	πολλάς	πολλά
	v.	N/A	N/A	N/A

"great"

		masc.	fem.	neut.
sg.	n.	μέγας	μεγάλη	μέγα
	g.	μεγάλου	μεγάλης	μεγάλου
	d.	μεγάλῳ	μεγάλῃ	μεγάλῳ
	a.	μέγαν	μεγάλην	μέγα
	v.	μεγάλε	μεγάλη	μέγα
pl.	n.	μεγάλοι	μεγάλαι	μεγάλα
	g.	μεγάλων	μεγάλων	μεγάλων
	d.	μεγάλοις	μεγάλαις	μεγάλοις
	a.	μεγάλους	μεγάλας	μεγάλα
	v.	μεγάλοι	μεγάλαι	μεγάλα

Adjectives of the 1st and 2nd Declensions

"good"

		masc.	fem.	neut.
sg.	n.			
	g.			
	d.			
	a.			
	v.			
pl.	n.			
	g.			
	d.			
	a.			
	v.			

"righteous"

		masc.	fem.	neut.
sg.	n.			
	g.			
	d.			
	a.			
	v.			
pl.	n.			
	g.			
	d.			
	a.			
	v.			

"much"

		masc.	fem.	neut.
sg.	n.			
	g.			
	d.			
	a.			
	v.	N/A	N/A	N/A
pl.	n.			
	g.			
	d.			
	a.			
	v.	N/A	N/A	N/A

"great"

		masc.	fem.	neut.
sg.	n.			
	g.			
	d.			
	a.			
	v.			
pl.	n.			
	g.			
	d.			
	a.			
	v.			

Adjectives of the 3rd Declension and Comparative Adjectives

"true"

		masc./fem.	neut.
sg.	n.	ἀληθής	ἀληθές
	g.	ἀληθοῦς	ἀληθοῦς
	d.	ἀληθεῖ	ἀληθεῖ
	a.	ἀληθῆ	ἀληθές
	v.	ἀληθές	ἀληθές
pl.	n.	ἀληθεῖς	ἀληθῆ
	g.	ἀληθῶν	ἀληθῶν
	d.	ἀληθέσι [ν]	ἀληθέσι [ν]
	a.	ἀληθεῖς	ἀληθῆ
	v.	ἀληθεῖς	ἀληθῆ

"greater"

		masc./fem.	neut.		
sg.	n.	μείζων	μεῖζον		
	g.	μείζονος	μείζονος		
	d.	μείζονι	μείζονι		
	a.	μείζονα	μεῖζον	μείζω	
pl.	n.	μείζονες	μείζονα	μείζους	μείζω
	g.	μειζόνων	μειζόνων		
	d.	μείζοσι [ν]	μείζοσι [ν]		
	a.	μείζονας	μείζονα	μείζους	μείζω

"all"

		masc.	fem.	neut.
sg.	n.	πᾶς	πᾶσα	πᾶν
	g.	παντός	πάσης	παντός
	d.	παντί	πάσῃ	παντί
	a.	πάντα	πᾶσαν	πᾶν
pl.	n.	πάντες	πᾶσαι	πάντα
	g.	πάντων	πασῶν	πάντων
	d.	πᾶσι [ν]	πάσαις	πᾶσι [ν]
	a.	πάντας	πάσας	πάντα

201

Adjectives of the 3rd Declension and Comparative Adjectives

"true"

		masc./fem.	neut.
sg.	n.		
	g.		
	d.		
	a.		
	v.		
pl.	n.		
	g.		
	d.		
	a.		
	v.		

"greater"

		masc./fem.	neut.
sg.	n.		
	g.		
	d.		
	a.		
pl.	n.		
	g.		
	d.		
	a.		

"all"

		masc.	fem.	neut.
sg.	n.			
	g.			
	d.			
	a.			
pl.	n.			
	g.			
	d.			
	a.			

Personal Pronouns

first person

sg.	n.	ἐγώ
	g.	ἐμοῦ
	d.	ἐμοί
	a.	ἐμέ
pl.	n.	ἡμεῖς
	g.	ἡμῶν
	d.	ἡμῖν
	a.	ἡμᾶς

second person

sg.	n.	σύ
	g.	σοῦ
	d.	σοί
	a.	σέ
pl.	n.	ὑμεῖς
	g.	ὑμῶν
	d.	ὑμῖν
	a.	ὑμᾶς

third person

		masc.	fem.	neut.
sg.	n.	αὐτός	αὐτή	αὐτό
	g.	αὐτοῦ	αὐτῆς	αὐτοῦ
	d.	αὐτῷ	αὐτῇ	αὐτῷ
	a.	αὐτόν	αὐτήν	αὐτό
pl.	n.	αὐτοί	αὐταί	αὐτά
	g.	αὐτῶν	αὐτῶν	αὐτῶν
	d.	αὐτοῖς	αὐταῖς	αὐτοῖς
	a.	αὐτούς	αὐτάς	αὐτά

Personal Pronouns

first person

sg.	n.	
	g.	
	d.	
	a.	
pl.	n.	
	g.	
	d.	
	a.	

second person

sg.	n.	
	g.	
	d.	
	a.	
pl.	n.	
	g.	
	d.	
	a.	

third person

		masc.	fem.	neut.
sg.	n.			
	g.			
	d.			
	a.			
pl.	n.			
	g.			
	d.			
	a.			

Demonstrative and Relative Pronouns

Demonstrative:

"this"

		masc.	fem.	neut.
sg.	n.	οὗτος	αὕτη	τοῦτο
	g.	τούτου	ταύτης	τούτου
	d.	τούτῳ	ταύτῃ	τούτῳ
	a.	τοῦτον	ταύτην	τοῦτο
pl.	n.	οὗτοι	αὗται	ταῦτα
	g.	τούτων	τούτων	τούτων
	d.	τούτοις	ταύταις	τούτοις
	a.	τούτους	ταύτας	ταῦτα

"that"

		masc.	fem.	neut.
sg.	n.	ἐκεῖνος	ἐκείνη	ἐκεῖνο
	g.	ἐκείνου	ἐκείνης	ἐκείνου
	d.	ἐκείνῳ	ἐκείνῃ	ἐκείνῳ
	a.	ἐκεῖνον	ἐκείνην	ἐκεῖνο
pl.	n.	ἐκεῖνοι	ἐκεῖναι	ἐκεῖνα
	g.	ἐκείνων	ἐκείνων	ἐκείνων
	d.	ἐκείνοις	ἐκείναις	ἐκείνοις
	a.	ἐκείνους	ἐκείνας	ἐκεῖνα

Relative:

		masc.	fem.	neut.
sg.	n.	ὅς	ἥ	ὅ
	g.	οὗ	ἧς	οὗ
	d.	ᾧ	ᾗ	ᾧ
	a.	ὅν	ἥν	ὅ
pl.	n.	οἵ	αἵ	ἅ
	g.	ὧν	ὧν	ὧν
	d.	οἷς	αἷς	οἷς
	a.	οὕς	ἅς	ἅ

Demonstrative and Relative Pronouns

Demonstrative:

"this"

		masc.	fem.	neut.
sg.	n.			
	g.			
	d.			
	a.			
pl.	n.			
	g.			
	d.			
	a.			

"that"

		masc.	fem.	neut.
sg.	n.			
	g.			
	d.			
	a.			
pl.	n.			
	g.			
	d.			
	a.			

Relative:

		masc.	fem.	neut.
sg.	n.			
	g.			
	d.			
	a.			
pl.	n.			
	g.			
	d.			
	a.			

Interrogative and Indefinite Pronouns

Interrogative Pronouns

		masc./fem.	neut.
sg.	n.	τίς	τί
	g.	τίνος	τίνος
	d.	τίνι	τίνι
	a.	τίνα	τί
pl.	n.	τίνες	τίνα
	g.	τίνων	τίνων
	d.	τίσι [ν]	τίσι [ν]
	a.	τίνας	τίνα

Indefinite Pronouns

		masc./fem.	neut.
sg.	n.	τις	τι
	g.	τινός	τινός
	d.	τινί	τινί
	a.	τινά	τι
pl.	n.	τινές	τινά
	g.	τινῶν	τινῶν
	d.	τισί [ν]	τισί [ν]
	a.	τινάς	τινά

Interrogative and Indefinite Pronouns

Interrogative Pronouns

		masc./fem.	neut.
sg.	n.		
	g.		
	d.		
	a.		
pl.	n.		
	g.		
	d.		
	a.		

Indefinite Pronouns

		masc./fem.	neut.
sg.	n.		
	g.		
	d.		
	a.		
pl.	n.		
	g.		
	d.		
	a.		